마흔 전에 부동산 부자가 될 수 있는 5가지 방법

효연, 하선 지음

마흔 전에 부동산 부자가 될 수 있는 5가지 방법

밀레니얼을 서울 건물주로 만들어줄 새로운 투자 공부

당신을 가슴 뛰는
부동산 투자의 세계로 초대합니다

5억 원 미만으로 서울에서 집 한 채 사기가 어려운 시대, 자본금 1~3억으로 서울의 건물주가 되는 사람들이 있다. 믿기 어렵겠지만 삼십 대 중후반부터 사십 대 정도로 나이도 많지 않고, 원래 금수저였던 것도 아니다. 직접 자신만의 사업을 펼쳐나가면서 종종 필자에게 조언을 구하는 분도 있고, 필자의 프로젝트에 공동 투자자로 참여하여 만족스러운 수익률로 엑시트하는 분도 있다. 이 책에서도 몇 분의 사례를 소개할 것이다. 확실한 것은 필자 주변에 드물지 않게 실재하는 '밀레니얼 부동산 부자들'이란 사실이다.

인생과 투자의 공통점은, 도약하기 위해선 도전해야 한다는 것이다. 그리고 밀레니얼 부동산 부자들의 공통점은, 천편일률적인 부동산 투자에서 눈을 돌려 가히 블루오션이라 할 사업에 도전했다는 것이다.

사업이란 무엇인가? 부가가치를 창출해냄으로써 돈을 버는 것이 사업이며, 이때 부가가치란 '생산 활동을 통해 새롭게 덧붙여지는 가치'를 뜻한다. 그런 면에서 지금까지 대한민국의 부동산 투자, 특히 공동주택을 중심으로 하는 시세 차익형 투자는 사업이라기보다는 베팅에 가까웠다. 진정한 사업이라면 계획부터 실제 투자와 사업 진행 그리고 출구 전략에 이르기까지 부가가치를 창출하고 수익을 실현하기 위한 일련의 사업 행위가 있어야 한다.

모두가 할 수 있고 누구나 생각하는 사업에 뛰어드는 것은 어지간한 자본력을 바탕으로 하지 않는 이상 매우 위험하다. 먹고살 만한 자잘한 부수입 벌이가 아니라, 지금 얼마를 가졌든 자산 가치를 지속적이면서도 획기적으로 반등시킬 방법을 찾아야 한다. 크지 않은 자본을 시드머니 삼아 작은 부를 만들고, 이것을 스노우볼처럼 굴려나가 마침내 큰 부를 일구기 위해서는 남들이 잘 모르는 기회를 잡아야 한다. 밀레니얼 부동산 부자들은 바로 그 점에 주목했다. 그리고 실제로 뛰어들어 성공하고 있다.

필자는 전작인 ≪부동산 유치원 : 어른살이를 위한 생존 교양≫에서 젊은 세대의 투자는 과거 부모 세대와 달라야 한다고 강조한 바 있다. 그때와 지금은 상황이 다르다. 급격한 경제 성장의 시대에 기성세대들에게는 이사 자체가 재테크 수단이었다. 자고 일어나면 전답이 거대한 아파트 단지로 변해있던 시절이었다. 당시의 서울은 하루가 다르게 커가는 청년과 같았다. 그리고 세월이 지나 지금의 서울은 사람으로 치면 중장년이 되어 늙어가고 있다. 서울 건물의 40%는 준공 30년이 지난 노후 건축물이다. 도심이 낙후되어도 더는 대규모 개발이 불가능하고, 고령화와 인구감소가 빠르게 진행 중이다.

투자는 미래의 가치를 내다보고 하는 것이다. 과거 성과에 투자하면서 미래에 이기기를 기대하는 건 도박이 아닐까? 기성세대의 '나 때는 말이야'를 극혐하면서 정작 투지에 대한 관점은 기성세대의 방식에서 한 뼘도 벗어나지 못한 청년들이 너무 많다.

강의를 하다 보면 "우리 세대는 평생 벌어도 아파트 한 채 못 사니 결코 부자가 될 수 없을 것"이라는 청년들을 자주 만난다. 그렇지 않다. 기회가 분명히 있다. 다만 관점을 바꾸고 생각을 확장해야 할 뿐이다.

우선은 앞으로 대한민국의 인구와 도시가 어떻게 바뀔지에 관심을 가져야 한다. 부동산 시장은 사회 변화와 긴밀하게 맞물린다. 인구 감소와 고령화는 현실이고 인구 절벽 현상이 올 것이 거의 확실시되고 있다. 우리보다 먼저 이 같은 문제를 겪은 세계의 메트로시티들을 보면 몇 가지 공통점이 발견된다. 첫째, 도심의 빈집과 노후 건물이 늘어나 문제가 된다. 둘째, 직주직장과 주거 근접의 도심으로 인구가 집중되고 높은 주거 비용이 문제가 된다. 셋째, 소규모 개발인 재생사업이 도심 개발 트렌드로 자리 잡는다. 우리에게 다가올 미래도 크게 다르지 않을 것이다.

정부의 부동산 규제로 인해 부동산 투자에 불안을 느끼는 분들이 많다. 그러나 정부가 부동산을 규제하기만 하는 것은 아니다. 오히려 밀어주고 심지어 지원까지 해주는 부문도 있으니 바로 노후화되어가는 대도심들의 문제를 해결할 민간사업이다. 필자는 항상 정책에 순행하는 투자, 트렌드에 올라타는 투자를 하라고 말한다. 현재 우리는 성장의 시대를 지나 유지의 시대, 대규모 개발의 시대에서 보존과 재생의 시대에 접어들었다. 정부가 바뀌고 심지어 정권이 바뀌어도 이 지점은 달라지지 않는다. 미래에 서울은 메트로시티로서 위상은 공고해지되 도심 슬럼화로 인한 문제에 부닥칠 것이다. 바로 이 지점에 청년세대가 잡아야 할 기회가 존재한다.

아직도 모두가 아파트만 오매불망 바라보며 일부는 갭투자에 나서기도 한다. 그 사이 밀레니얼 부동산 부자들은 숨어 있는 낡은 보물을 찾고 있다. 지어진 지 수십 년이 지나 거의 쓰러져가는 바람에 건물 값은 사라지고 땅 값만 존재하는, 도심 속 낡고 작은 집들을 찾고 있다. 앞선 다른 메트로시티들의 선례를 보건대, 빈집은 시간이 지날수록 늘어날 확률이 높다. 필자, 그리고 필자가 아는 신흥 부동산 부자들의 전공이 바로 이것이다. '이걸 대체 어디에 쓰나, 과연 이게 활용이 가능할까' 싶은 집들을 사서 새롭게 기획하고, 최대의 부가가치를 창출해내는 것 말이다.

눈치챘겠지만 필자가 말하는 부동산 사업은 부동산 투자 + 공간 기획을 의미한다. 부지런한 동시에 감각이 있어야 한다. 그런 면에서 기성세대에 비해 밀레니얼 세대가 압도적으로 유리하다. 자본이 없어도 기획력으로 이길 수 있는 것이다.

안이함보다는 도전을 통해 부자가 되길 꿈꾸는 사람들, 투기가 아니라 사회적으로도 긍정적인 의미를 가지는 투자를 원하는 사람들, 긴 안목으로 부동산 사업을 원하는 사람들에게 추천한다. 부동산은 물론 공간 기획에도 관심을 가지고 있다면 성공의 가능성은 더 높아질 것이다.

이 책을 쓰기까지 고민이 많았다. 어디까지 공유해야 할지, 노하우를 공유한다고 과연 독자들이 이해할 수 있을지에 관한 고민도 컸다. 이 책은 본격적인 사업의 문을 여는 길잡이 정도의 역할을 할 것이다. 무엇보다도 미래에 새로운 타입의 부동산 부자가 되기 위해 필요한 시각 확장 및 핵심 정보 제공이란 점에 치중하였다. 즉, 실무적인 노하우를 밝히는 것보다는 부동산에 대한 청년 투자자들의 관점을 환기하는 데 목적을 뒀다. 모든 성공의 기본은 마인드셋에서 시작되는 법이다. 그런 의미에서 투자 정보는 물론, 동기부여 및 관점 변화를 제공하고자 했다. 밀레니얼 에비 투자자들을 위한 부동산 + 자기계발서라 하겠다.

한편 구체적인 사업계획에서 투자자 모집, 엑시트, 수익 달성 등 실무 노하우에 관해서는 필자들의 다음 책에서 구체적으로 설명할 예정이다. 이 책의 성과가 좋다면 머지않아 선보일 수 있으리라 생각한다. 그전에 반드시 이 책을 읽어두고, 발품을 팔고, 정보의 바다를 파헤치며 미리 공부해두길 권한다.

시각을 바꾸자 부의 기회가 열렸다 :
새로운 밀레니얼 부자의 탄생

건물주가 소위 '갓'물주인 시대, 건물주란 건 원래 타고난 금수저들이나 되는 것 아니냐고 치부해버리는 사람들이 많다. 특히 청년 세대에게 부동산 부자란 반갑지 않은 존재, 나와 같은 땅 위에 살지만 다른 세상의 존재처럼 느껴진다. 평생 벌어도 만져보지도 못할 것 같은 금액들의 향연에 부동산 이야기만 나오면 위축된다는 사람이 적지 않다.

그런데 최근 들어 주목할 만한 경향이 하나 있다.

우리가 흔히 생각하는 부동산 부자와는 다른 타입의 부동산 부자들이 나타나고 있다는 것이다. 크지 않은 자본금을 가지고 건물주가 되고 있는 신흥 서민 부자들, 이런 사람들이 실재한다. 그들 상당수는 아파트 위주의 부동산 시장에서 눈을 돌려 새로운 시각을 장착한 3040, 소위 밀레니얼들이다.

선희^{가명} 씨는 30대의 평범한 직장인이다. 현재 연봉으로도 생활에 큰 어려움은 없으나, 예상보다 이른 시기에 퇴직하는 선배들의 모습을 보며 고민에 빠졌다고 한다. '지금과 같은 삶의 만족도를 노년까지 과연 무탈하게 이어나갈 수 있을까?' 생각 끝에 선희 씨는 '투자가 답'이라는 결론에 이르렀고 그때부터 각종 재테크 서적을 읽고 무작정 세미나를 찾아다니기 시작했다.

그와 동시에 가열차게 종잣돈을 모았다. 기존에 해온 저축도 있었지만 투자에 대한 꿈을 꾸면서부터 더욱더 저축의 고삐를 당겼다. 그렇게 공부와 종잣돈 만들기를 병행하길 3년 여, 그 사이 공부는 무르익어 구체적인 목표도 생겼다. 바로 "서울 도심 안, 땅과 건물 소유주가 되겠다"는 것. 처음에는 그 자신도 '진짜 가능한 꿈일까' 싶었다고 한다. 부동산 뉴스를 보면 서울의 건물주는 고사하고, 자신이 모은 돈으로는 평범한 아파트 한 채 사기도 어려워 보였기 때문이다.

그러나 기왕에 빼든 칼, 무라도 잘라봐야 하지 않겠는가. 되든 안 되든, 선희 씨는 부동산 중개업소에 발품을 팔고 다니기 시작했다. 이때 그가 '서울의 건물주라니 말도 안 돼'라며 자신의 꿈을 망상 취급하고 포기해 버렸더라면 필자와의 인연은 아예 시작되지 않았을 것이다.

필자는 부동산중개사무소에서 일명 '건축업자'로 통하는 사람이다. 늘 그렇듯, 그날도 좋은 사업지가 있으니 방문해달라는 전화를 받고 부동산 사무실을 찾았다. 그런데 마침 그날 그 시각에 선희 씨가 그 중개업소에 들렀던 것이다.

당시 중개업소에서 소개해준 사업지는 서울에서도 주간활동인구가 가장 많은 지하철 2호선 어느 역과의 접근이 용이하고, 1~2인 가구의 임대 수요가 아주 풍부한 지역이었다. 지리적 위치가 높은 곳에 있어 최상급이라 하긴 어려웠지만, 덕분에 대지가격이 주변 시세에 비해 저렴했다. 편의상 해당 사업지를 A사업지라 하자. 머릿속으로 대략적인 사업 구상을 하며 공인중개사와 이런저런 의견을 나누고 있는데, 옆에서 상담을 기다리고 있던 선희 씨가 불쑥 끼어들었다. "지금 이야기 중이신 거 저도 알려주세요!" 적극성을 보이는 모습에 일단 연락처를 교환하고, 필자는 나름대로 사업지와 관련된 검토에 들어갔다. 그러는 동안 선희 씨는 굉장한 열정을 보여주었다. 하루가 머다 하고 안부인사를 빙자한 연락을 해왔고, 필자의 신축 현장으로 찾아오는 횟수도 늘어났다. 그때 부동산에서 들었던 그 프로젝트에 동참하고 싶다는 것이었다. 무모할 정도로 저돌적인 자세였다. 도대체 필자의 무엇을 믿고 이런 의사표시를 해오는 것인지, 당황스러운 마음에 "좋은 부분만 보고 결정할 문제는 아닙니다. 성급히 생각하지 마시고, 시간을 가지고 이야기하시죠."라며 수 회 다독여 돌려보내기도 하였다. 그러던 어느 날이었다.

그날도 필자를 찾아온 선희 씨에게 말했다.

"선희 씨! 제가 욕심꾸러기라 이런 말씀 드리는 것은 아니니 오해 마세요. A 사업지는 소규모이기도 하고, 저는 현재의 자금으로도 충분하거니와 동업은 더더욱이 저와는 맞지 않습니다. 저를 신뢰하고 믿어주신 데 정말 감사드려요. 차후에 좋은 사업지가 있으면 제일 먼저 연락드리겠습니다."

그런데 말이 끝나기가 무섭게 선희 씨가 이렇게 말하는 것이 아닌가.

"A사업지, 제가 사겠습니다. 잘은 모르겠지만 중개사무소에서 말씀 나누셨던 것, 그리고 지금도 A사업지에 프로젝트를 진행하시려는 의사를 보니 최소한 망하지는 않겠어요! 약정 후 1/2 지분으로 진행하여, 수익은 6 : 4 어떠세요? 아니면 제가 수업료 톡톡히 드리겠습니다. 제가 할 수 있게 서브 및 검수라도 해주세요!"

필자는 순간 생각에 잠겼다. 혹여나 모를 리스크에 대해 더욱더 보수적으로 냉정하게 이야기해야겠다는 생각이 들었다. 리스크가 없는 사업은 없으며, 그런 사업을 누가 이야기한다면 100% 사기라고. 내 말이 채 끝나기도 전에 선희 씨가 말했다.

"제가 그래서 여러 번 찾아뵙고, 여기저기 알아보고 또 찾아온 거예요. 100%는 없겠지만, 제가 투자한 원금에 대한 리스크가 현저히 낮다면 수익이 없다 해도 무방합니다! 공부했다고 생각하면 되죠."

이쯤 되자 필자도 백기를 들 수밖에 없었다. "좋습니다! 현재 명확한 검토가 이루진 것은 아니니 검토 후 다시 말씀 나눕시다!"라고 그날의 대화를 마무리한 후, 2~3주 후 선희 씨를 다시 만났다. 비교적 저렴한 부동산 가격을 바탕으로 건축설계사와의 치열한 논의를 거친 끝에 자본적·사업적으로 이득이 충분하리라는 판단이 들었던 것이다. 해당 프로젝트를 위한 자기자본금投資金은 3억 원으로 책정된 상황. 다행히도 딱 선희 씨의 종잣돈만큼이었다. 선희 씨 단독 명의로 진행하며 필자가 검수 등의 도움을 주는 방식으로 프로젝트를 진행하기로 했다.

그렇게 2종 일반주거지역 35평 크기의 A사업지에 지하 1층, 지상 3층짜리 프로젝트가 시작되었다. 언덕에 있는 낡은 단독 주택을 3개층은 원룸으로, 1개층은 3룸 공간으로 완벽하게 변신시키는 프로젝트였다. 부족한 자금 일부는 준공 전 임대차 계약을 통해 해결하기로 했다. 앞서 말한대로 수요가 풍부한 지역이라 준공 전 콘크리트 골조만 완성된 상태에서 임대차 계약이 완료될 정도로 인기를 끌었다. 자세한 사업의 내용은 237페이지를 참고하라.

5개월 후, 골조가 완성된 즈음 중개사무소에 의뢰하였다. 매각 의뢰 금액은 14억 5천! 그리고 얼마 지나지 않아 은퇴한 노부부에게 14억 원에 매각하고 해당 프로젝트에서 엑시트하였다. 높은 지대에 있어 뷰가 좋고 공기도 맑아 살기 좋은데다, 무엇보다도 편리한 인프라를 갖췄으면서도 조용한 곳이라며 새 주인이 된 노부부 역시 만족하셨다. 매달 고정적인 임대수익에도 큰 만족을 표하신 건 물론이다.

그렇게 해서 선희 씨가 최종적으로 취한 수익은 세금을 공제한 후 약 2억 원이었다. 이 프로젝트를 시작으로 그는 지금도 안전하게 부동산 사업을 영위하고 있다.

이 글을 읽으며 혹자는 이렇게 생각할지 모른다. 그 종잣돈으로 흔한 갭투자를 할 수도 있지 않았을까? 그렇다면 오히려 더 쉽게 돈을 벌 수 있을지도 모른다고 말이다. 물론 그렇게 해서 시세 차익을 얻을 수도 있었을 것이다. 그러나 선희 씨는 말한다.

"세상에 완벽하게 안전한 투자는 없어요, 아파트 투자도 예외는 아니죠. 모든 아파트가 오르기만 하는 것도 아니고 시장이 항상 활황인 것도 아니니까

요. 그런데다 저도 임차인으로 가슴 졸이며 살아본 경험이 있어서 갭투자한 집주인이 되고 싶지는 않았어요. 그리고 무엇보다도, 저는 부동산에 관심이 있고 부동산 사업을 하는 게 재밌어요. 낡은 집을 변신시키는 이번 프로젝트가 힘들면서도 정말 재미있었습니다. 저 자신의 치열함과 열정, 능력을 가지고 제대로 사업을 하고 그 사업을 노년까지도 계속해나가고 싶습니다."

여러분도 선희 씨와 같은 건물주가 될 수 있다. 아파트 값 한 채도 안 되는 종잣돈으로 충분히 가능하다. 그리고 앞으로 소개하겠지만 선희 씨와 비슷한 규모의 자금으로 부자의 기반을 닦아가고 있는 사람들이 이미 존재한다. 이제부터 그에 관한 자세한 이야기를 해보도록 하자. 먼저 여러분이 당연시하는 '부동산 투자'에 관한 고정관념에서 벗어나는 것부터 시작해보겠다.

CONTENTS

첫째, 도심에 숨어 있는
40년 넘은 주택과
방치된 건물을
찾아라

STEP 1 _ 관점전환

기존 부동산의 승자 이론에서 벗어나라: 아파트에 대한 집착을 버려라

누구나 한 번쯤 들어보았을 그 단어, 갭투자. 부동산에 어느 정도 관심이 있는 사람이라면, 아니, 딱히 관심이 있지 않아도 사회생활을 하다 보면 모를 수가 없는 단어이다.

갭투자는 자기자본은 최소로 하여 단기간 내에 수익을 올리는 데 목적이 있는 것으로, 양날의 검으로 보아야 한다. 이 같은 레버지리leverage, 타인 자본을 지렛대 삼아 자기자본의 이익률을 높이는 것 방식은 주식 시장과 부동산 시장 등에서 사용되는 전통적인 투자 기법이다. 작은 자본금으로 큰 수익을 올릴 수 있다는 점에 매료되기 쉽지만, 잘못 사용하면 독이 된다. 주식 시장에서는 단기 차익을 목적으로 빚을 내 투자했다가 반대매매로 큰 손실을 보는 사람이 적지 않다. 갭투자도 마찬가지이다. 부동산 시장의 흐름을 알지 못하는 사람은 갭투자를 해서는 안 된다.

갭투자는 부동산 가격이 상승할 것이란 예측 및 그에 관한 투자자 본인의 확신을 전제로 한다. 그러나 어떤 투자든 보이지 않는 위험은 항상 존재하는 법이다. 2019년 12월, 불과 몇 달 전이지만 중국 발 코로나 19가 세계경제에 이렇게 큰 위험요소로 작용하리라고는 누구도 예상하지 못했다. 현재 전 세계는 대혼란 속에 있으며, 앞으로 흘러가는 경제 상황은 예측 불가이다. 이 파장이 부동산에 미칠 영향은 아무도 가늠할 수 없는 것이다. 이런 시기에 갭투자한 부동산의 가격이 하락한다면 투자자 본인의 손실은 둘째치고 임차인에게까지 손해를 줄 수 있다는 사실을 반드시 인지해야 한다.

2015~2016년부터 본격화된 갭투자 방식은 2018~2019년에도 식지 않았고, 오히려 광풍이라 해도 좋을 정도로 열기를 띄었다. 단돈 천만 원만 있으면 집을 사고 매매차익을 볼 수 있다는 말에 자금력이 부족한 20~30대 직장인은 물론이고 대학생들까지 갭투자에 뛰어들었다. 심지어 10대들이 갭투자 강의장에 나타나기까지 했으니, 그야말로 청년 세대의 광범위한 관심을 끌었다 해도 과언이 아니다. 이런 현상은 한때 우리나라를 강타한 비트코인 열풍과 유사한 점이 많다. 가능한 빠른 시일 안에 최대한 많은 돈을 벌고 싶다! 이것이 바로 불나방처럼 투기 열풍에 뛰어드는 심리이다. 그러나 당신 주변에서 정말 비트코인으로 큰돈 벌었다는 사람을 본 적이 있는가? 어쩌다 한두 명 있었다 할지라도 그들의 성공 경험은 결코 보편적인 것이 아니며 눈 씻고 봐도 번 사람보다는 잃은 사람이 많았다, 당시의 수익이 지금껏 유지되고 있는지도 의문이다.

한때 대한민국을 휩쓸며 정부가 규제하기에 이른 비트코인 열풍, 그 결말은 우리 모두 아는 바와 같다. 혹자는 아직도 알 수 없는 미래에 기대를 걸고 있을지 모르나 지금 눈앞에 보이는 현실은 이른바 폭망이다.

재미있는 사실은 이런 쓰라린 경험혹은 간접경험에도 불구하고, 똑같은 결과를 기대하며 갭투자에 뛰어드는 사람들이 너무나 많다는 것이다. 그 이유를 물어보면 이렇게 답한다.

"뭐니 뭐니 해도 대한민국에서 돈 버는 데는 아파트가 최고더라고요."

아파트 불패 신화, 반은 맞고 반은 틀리다

부동산 스타 강사는 말한다.

"내 돈 5천만 원에 전세 1억 끼고 1억 5천짜리 집을 샀어요. 그랬더니 그게 1년 후에 1억 8천이 됐네?! 이것저것 빼도 앉은자리에서 2천 넘게 번 것 아니에요? 그런데 이런 집이 두 채, 세 채 있으면 어떻게 되겠어요?"

듣기에는 얼마나 명쾌하고 좋은가! 이런 식으로 매년 수천만 원씩 벌면 금방이라도 부자가 될 것 같다. 집을 사는 데 큰돈이 필요한 것도 아니란다. 부동산은 불패라서 서울의 아파트가 아니라면 지방의 아파트, 그것도 아니라면 다세대주택일명 빌라에 눈을 돌리라 한다.

대한민국에서 부동산은 불패라는 이 신화는 사실일까? 결론부터 이야기하자면, 반은 맞고 반은 틀리다.

첫째, 모든 부동산이 불패인 것은 아니다. 부동산과 관련된 우리의 사회적 현상은 아파트에 집중되어 있다. 어디가 오르고 내렸다는 부동산 뉴스는 다 아파트 값에 관한 기사들이다. 정부의 규제는 아파트, 특히 그중에서도 서울의 특정 지역 아파트에 집중된다. 즉, '부동산=불패'라고 말할 때 '부동산'은 곧 아파트라 봐도 좋다. 아파트 외의 것들은? 사회적 관심을 크게 끌지도 못하고, 실시간 가격정보가 공유되지도 않는 기타 부동산 상품들은 여러분이 아는 불패 신화에서 소외되어 있다.

둘째, 그럼 아파트가 불패의 투자처인 걸까? 투자 심리는 해당 투자자의 과거 경험에 기반하는 경향이 있다. 다시 말해 우리 대다수는 지금까지 아파트 값이 오르는 것만 목도했다. "아파트는 사놓으면 반드시 돈을 번다"는 말이 어머니에게서 시집 가는 딸로, 아버지에서 장가 가는 아들로 마치 지혜처럼 구전된다. 문제는 과거의 경험이 미래의 가능성과 반드시 이어지는 것은 아니라는 점이다. 물이란 것을 처음 끓여본 외계인이 있다 치자. 99도까지 관찰한 외계인은 "이 물질은 불 위에 계속해서 온도가 올라간다"고 생각할 것이다. 100도가 되면 끓어 넘치고 기화되어 계속 끓이면 사라진다는 것을 모른 채 말이다. 이 말인즉슨 우리 모두 진정한 의미의 임계점을 경험해보지 못했을지도 모른다는 뜻이다. 그렇다고 해서 필자가 가격 하향을 전망하는 건 아니다. 다만 과거의 경험을 반추하여 미래에도 반드시 같은 일이 일어나리라고 확신하는 것은 위험하다는 것이다.

확실한 사실은, 지금 부동산 시장은 변화하고 있으며 앞으로 더 많이 변화하리란 것이다. 많은 사회적 지표와 현상들이 '아파트만 깔고 앉아있으면 가만히 있어도 돈 버는 시대'가 저물고 있음을 보여주고 있다. 이 책에서 필자는 차익을 노리던 부동산 투자자에서 수익을 얻기 위한 부동산 사업자로 변화해야 하는 이유와 그 방법에 관해 이야기할 것이다. 앞서 선희 씨의 사례를 잠시 소개했지만, 실제로 필자 주변의 많은 부동산 부자들은 이런 방식으로 돈을 벌고 있다. 심지어 큰 자본금이 필요한 것도 아니다.

부동산 시장 자체가 변화하는 시대에 부동산 투자를 하려면, 나아가 부자를 꿈꾼다면 아파트에 대한 집착을 버리고 투자의 시야를 넓혀야 한다. 이것이 첫 번째 단계다.

투자 사고의 확장을 위해 현실을 직시해야 할 때

과거 한때 크게 성공한 경험을 가진 사람들은 자신의 과거 경험을 자꾸만 현실에 투영하려는 경향이 있다. 이사님이 말끝마다 "2002년에 말이야~, 이걸 이렇게 해서 일이 정말 잘 풀렸었거든. 바로 그런 식으로 일해"라고 지시한다면, 2020년을 살고 있는 부하직원은 속이 갑갑해지는 걸 느낄 것이다. 과거의 성공경험이 누적된 결과 학습효과가 발휘되었고 그것이 이사님의 머릿속을 지배하고 있는 것이다. 그 틀을 깨지 못하면 변화된 시대에 맞춰 성공할 수 없다.

부동산 투자, 하면 아파트만 떠올리는 우리도 마찬가지다.

과거부터 현재까지, 실제로 수도권을 중심으로 아파트 가격은 일부 지역을 제외하고는 가격이 떨어진 경우가 거의 없었다. 이 같은 학습효과는 시세 차익을 노린 아파트 투자 열풍의 원인이 되었다. 특히 최근 신문을 보면 "대학가에 '부동산 배우자' 열공 중"이라거나 "갭투자에 빠진 2030세대"라는 기사를 종종 접하게 된다. 주목할 점은 이때 갭투자의 대상은 하나, 아파트란 점이다. 넓게 보아도 아파트에 다세대를 추가한 공동주택에 한정된다. 이유는? 시세가 올라 차익을 얻는 걸 누차 경험했기 때문이다. 차익을 얻을 수 있는 곳에 몰리는 것이다. 그 결과 이미 강남 3구를 비롯하여 수도권 중심으로 아파트 가격이 큰 폭으로 상승하였다. 이들이 표방하는 '재테크'의 규모를 넘어서 버린 것이다. 비단 수도권의 아파트만 차익 투자의 대상이 되는 것이 아니다. 전국적으로 확대되고 있으며, 현재까지도 진행 중에 있다. 이런 현상은 아파트 가격이 급등하는 시기에 특히 심해진다. 2002년부터 2008년 사이가 바로 그랬다.

재미있는 건 2000년대 초반만 해도 부동산에 대한 관심이 그리 크지 않았단 사실이다. 전국적으로 가격이 오르기 시작한 것은 노무현 정부 시절로, 4년 동안 12번의 정책이 나왔으나 시장에서 철저하게 외면당하며 실패했다. 정책 실패의 결과 부동산 가격은 전국적으로 급등했고 이 당시에도 아파트 분양권 등 갭투자가 성행하였다.

그렇다면 그 당시 아파트에 투자했던 사람들은 모두 다 성공했을까? 성공한 사람도 있지만 반대로 실패한 사람도 있다. 성공한 사람들은 어떤 이들이며, 실패한 사람은 왜 실패했을까? 부동산을 바라보는 관점과 흐름을 읽을 줄 아는 사람은 분명 성공했고 준비 없이 남이 하니까 시작한 사람은 실패한 경우가 많았다. 예를 들어보자. 2003년 이후부터 인천에 부동산 투자 열풍이 불었다. 송도, 청라, 영종도가 인천자유경제지역으로 지정되며 대규모 개발 붐이 일어났던 시기였다. A와 B, 두 사람의 경우 A는 영종도 공항신도시 입주가 시작된 아파트에 투자하여 실제로 쏠쏠한 시세 차익을 봤지만 B의 경우 청라경제자유구역 분양권에 투자하여 투자금에서 2천만 원 정도 손해를 보았다. 다시 말해 모두가 불패不敗한 것은 아니며, 투자 가치를 볼 줄 알고 시장 흐름을 이해한 사람들이 수익을 냈다는 것이다.

이때 실패란 원금을 손실한 경우와 이익이 없는 경우, 둘 다를 뜻한다. 원금을 회수했는데 왜 실패냐고? 이 점이 이해되지 않는다면 아직 투자할 준비가 안 되었다고 봐도 무방하다! 이유는 화폐의 시간 가치 때문이다. 만약 원금을 은행에 정기예금했다고 가정해보자. 원금에 더해 만기 시 최소한의 이자를 받았을 것이다. 즉, 원금만 회수되었다면 기간 대비 최소이율에 대한 손해가 발생한 것이다. 부동산 투자와 관련해 화폐의 시간 가치를 이야기하는 이유는 이것이 반드시 알아야 하는 개념이기 때문이다.

마찬가지로, 단지 살 때보다 오른 값에 판 것을 수익을 본 것으로 오해하면 곤란하다. 이 또한 투자의 기본 개념이 부족한 것이다.

수익률이라는 개념을 생각해보자. 부동산의 수익률은 두 가지로 나뉜다. 임대수익인컴 게인, income gain과 매각차익캐피탈 게인, capital gain이 그것으로, 이 두 개가 합쳐져 '투자수익률'로 나타난다. 갭투자는 오로지 매각차익캐피탈 게인을

아파트 갭투자 시 비용 항목의 예 : A씨의 사례

비용 항목	내용	금액
취득세	취득세, 인지, 채권매입 등	416만 원
매입 수수료	법무사 수수료, 부동산 중개 수수료 등	198만 원
양도소득세	*1년 미만 : 개인 상황에 따라 변동	1,090만 원
매각 수수료	부동산 중개 수수료	152만 원
재산세	*보유 시점에 따라 변동	52만 원
기타 수선비	*도배, 장판, 청소 등 최소 비용으로 산출	150만 원

총수익 3,000만 원 - 총비용 2,058만 원 = 순이익 942만 원

전제로 실행하는 것이다. 드물게 두 수익률을 전제로 하는 경우도 있으나, 거의 99퍼센트의 확률로 매각차익만을 노리고 갭투자를 한다. 투자수익률을 따질 두 기둥 중 하나가 없는 상태이다 보니 정말로 성공한 투자인지 아닌지 알 수 없는 경우가 허다하다. 살 때보다 3천만 원 오른 값에 팔았는데, 실질적으로 번 돈은 1천여만 원 안팎에 불과한 식이다. 눈앞에 나타나는 매매차익만 봐서 그렇다.

직장인 A씨는 서울 모처의 아파트에 전세를 활용한 갭투자를 결정하고 3억 5천만 원에 매입하였다. 전세비용은 3억, 투자비용은 대략 5,760만 원취득비용 및 기타 수선비용 등이었다. 그리고 10개월이 지난 후 3억 8천에 매도하였다. 차익은 3

천만 원, 세금을 차감한 후 실질적으로 남은 수익은 1천만 원이 안 되었다. 투자기간과 투자금 대비 순익이 적은 것은 아니지만 A씨의 기대에는 미치지 못했다. A씨가 고려하지 못한 것은 매입, 매도 시 발생하는 비용이었다. 취득세, 법무사비용, 중개수수료_{매입, 매도}, 양도소득세, 재산세 등을 생각하지 못한 것이다. 눈에 보이지 않는 기회비용을 감안하면 수익은 더 낮아질 수 있다. 갭투자의 단편적인 예이다. 물론 높은 수익을 낸 사례도 있다. 투자자의 개인적 상황, 국내 및 세계 경제 상황 등에 따라서 수익률은 변동한다. 장기적인 안목으로 준비하고 접근해야 한다.

'승자의 저주'라는 경제학 이론은 부동산 시장에도 적용되며, 특히 부동산 경매 시장에서 주로 나타난다. 입찰에 성공했으나 기대만큼 수익이 나지 않거나 아니면 실제로 인수하고 보니 손실을 본 상황이 되어 경쟁에서 승리하고도 울게 되는 것을 말한다. 이런 결과는 왜 발생할까? 애초에 가치를 잘못 판단했기 때문이다. 해당 부동산의 가치를 모르니 경쟁 상황에서 적정 가격을 찾지 못하고 손해를 보게 된다. 이는 우리에게 매우 중요한 점을 시사한다.

즉, 이익을 얻기 위해서는 적정 가치에 대한 판단력이 중요하다는 것이다. 그렇다면 적정 가치를 어떻게 판단해야 할까? 부동산의 가치는 여러 가지 요인으로 인해 발생한다. 그러므로 매입을 전제로 한 예상 운영수익_{임대수익+매각차익}을 근거로 자기자본 대비 예상수익률을 예측해봐야 한다. 앞서도 말했듯 매각차익만 가지고는 제대로 된 수익률을 알 수 없다.

이기는 투자를 하기 위해서는 수익률에 대한 개념을 다시 정립해야 한다. 매각차익에 집중하기보다 임대수익 + 매각차익을 생각해야 한다. 이 두 가지를 따져보면 여러분이 알고 있던 성공담의 상당 부분이 재고될지 모른다.

　참고로 덧붙이자면, 부동산 가격이 한 지역만 오르는 일은 드물다. 인근 유사 지역 및 동일 수급권까지 동반상승하는 경우가 대부분으로, 다만 지역마다 가격 변동의 시간차가 존재한다. 가격이 오르는 지역이 있다면 그 중에서도 상승을 주도하는 곳이 있다. 그곳을 찾아라. 단지 차익만 보면 수익을 본 것으로 판단할 수 있는데 인근 지역의 상승률, 동일 수급권 내 상승률을 보고 그와 대비하여 본인의 수익률을 확인하는 것이 필요하다.

불황에 갭투자를 결심했다면,
적어도 이것만큼은 알고 해라

정부에서는 갭투자를 부동산 투기로 보는 시각이 지배적이다. 필자의 생각도 크게 다르지 않다. 왜일까? 갭투자는 매매가격과 레버리지_{전세, 대출 등} 격차(갭)가 적은 부동산 등을 매입하여 단기간 동안 적은 자본으로 수익을 극대화하는 투자 방법이다. 부동산 시장이 상승기일 때 많은 사람이 활용했다. 저금리 또한 이자에 대한 부담은 낮아지고 수익률은 높아지므로 갭투자 심리를 자극시킨다. 문제는 갭투자 자체가 아니다. 그 위험성에 대해서는 생각하지 않은 채 뛰어드는 것이 문제다.

갭투자는 '매매가격과 전세가격은 하락하지 않고 상승한다'는 전제 하에 가능하다. 그렇다면 부동산, 특히 갭투자의 주요 대상인 아파트 가격은 계속해서 상승만 했을까? 큰 추이를 보면 상승했으나, 가격 변동의 흐름을 확인해보면 하락한 시기들이 존재한다. 이 점을 항상 생각하고 있어야 한다. 투자 시 안정성과 위험성의 관점에서 목표수익률을 정해야 하는 것이다. 투자 시 손실은 회피하면서 최대한의 이윤을 추구할 것인지, 아니면 손실을 최소화하면서 목표를 달성할 것인지에 관해 깊게 생각해봐야 한다. 또한 갭투자한 아파트의 임대차 계약기간이 만료되는 시점에 매매가격과 전세가격이 하락하더라도 임차인에게 보증금을 돌려줄 수 있어야 한다. 그것은 임대인으로서 당연히 져야 할 책임이다. 그러나 이런 책임을 저버린 소위 '깡통주택'이 많아 사회적 문제가 되고 있는 것이 현실이다. 현 정부의 부동산 정책은 단호하다. 갭투자를 막기 위하여 주택담보대출 조건을 강화했고, 여러 가지 규제 정책을 시행하고 있다.

그럼에도 갭투자를 생각한다면 우선 부동산 시장과 경제 흐름을 거시적 안목에서 분석해봐야 한다. 또한 인근 지역 신규 입주 물량과 입주 시기를 확인하는 것도 필수다. 신규 입주 물량은 전세가 하락의 요인이 될 수 있다. 정부의 정책, 주위 개발 계획 등의 호재로 가격 상승요인이 있는 지역을 제외하고는 보수적으로 접근해야 한다. 여기에 더해 자본금의 원가 개념, 즉 부동산 취득에 대한 부대비용 및 매각 시 발생하는 비용 등을 확인해야 한다. 발생된 비용을 포함한 매입원가가 시세차익과 임대수익을 합산한 금액보다 크다면 수익률은 마이너스가 된다. 보유하고 있는 동안의 발생되는 보유세_{재산세} 등는 양도소득세 계산 시 포함되지 않는다. 하지만 지출된 비용이기 때문에 수익률 계산 시 포함해야 한다. 부동산을 다수 보유하고 있다면 종합부동산세 납부 대상에 포함되는지 여부도 반드시 확인하자.

불황에 갭투자를 결심했다면, 무엇보다도 '안정지향적' 관점에서 목표수익을 설정하는 것이 중요하다. 투자자산에 대한 안전성과 위험성을 두루 생각하고, 손실을 최소화하면서 수익을 달성해야 한다. 흔히 손실을 회피하는 것만 생각하는데, 사실은 미처 예상하지 못하는 위험요소가 너무 많다. 부동산 시장과는 관련이 없어 보이는 상황이 국내 경제에 영향을 미치고 그것이 다시 부동산 시장에 영향을 미치는 식이다. 2008년 미 금융 시장에서 발생한 서브프라임 모기지 사태를 예로 들어보자. 미국에서 발생한 금융 위기가 세계적 경제 위기로 파급되었다. 현재 우리는 전 세계적 경제 위기 상황에 처해있다. 긍정적 기대감에만 매달린 채, 부정적이고 현실적인 판단을 외면하면 다가올 위험에 대처할 수 없다. 미래에 대한 장밋빛 생각으로 투자 계획을 수립하기보다는 발생할 수 있는 위험요소를 최대한 예상하고 대비하는 계획을 수립해야 할 것이다.

우리에게 필요한 건 팩트뿐 : 시장을 보면 투자의 길이 보인다

매매차익만을 노리는 관점에서 벗어나 부동산을 보다 다양한 시각, 발전된 투자 관점으로 바라봐야 한다. 단지 돈을 벌기 위한 수단으로 생각할 것이 아니라, 사용재이자 투자재로서의 양면성을 보아 가치를 꼼꼼히 따져야 한다. 사실 이러한 기준을 가장 잘 따지는 것은 실수요자들이다. 내 집 마련이 목적인 실수요자들은 소비와 투자, 양측의 가치를 다 원한다. 다시 말해 살기에 좋으면서, 나중에 팔 때 수익도 볼 수 있는 집을 찾는다. 예전에는 사용가치에 대한 비중이 높았지만, 지금은 투자가치 쪽에 더 비중을 두는 사람들이 많다.

그런데 투자만을 고민하는 다수의 사람들은 이런 양 측면적인 사고를 잘 하지 못한다. 우선 가격이 상승할 지역을 찾는다. "어느 지역을 선택해야 하나? 어느 단지를 선택해야 하나?" 이런 고민 끝에 투자처를 결정하고 나면 "이 아파트 가격이 하락하면 어떡하지"라며 걱정한다. 유명 강사들을 찾아가 언제

팔아야 할지, 또 어느 지역을 사야 할지 족집게 강의를 듣고 싶어 한다. 본인 스스로 세운 정확한 투자 기준이 없으니 쇼핑하듯 집을 고른 후 불안해한다. 그러나 수익 또는 손실이라는 결과는 전적으로 본인에게 귀속되는 것이다. 투자에 대한 태도, 그리고 관점이 변화되지 않으면 이런 타입의 투자는 오래가지 못한다. 투기인지 투자인지는 본인 스스로가 가장 잘 알 것이다.

불황에도 불구하고 3040의 아파트 매매 열기가 그 어느 때보다 뜨겁다는 뉴스가 연일 들려온다. 이를 증명하듯 필자가 가장 많이 듣는 질문 또한 "지금 시점에서 집을 사야 하나요, 말아야 하나요?"이다. 이 책에서 필자는 아파트가 오른다, 내린다의 이야기는 하지 않을 것이다. 아파트 가격에 관해서는 다양한 견해와 전망이 존재하는데, 필자의 견해로는 시간이 흐름에 따라서 양극화 현상과 함께 가격은 점진적 우상향할 것으로 판단하나 이 또한 100퍼센트 확신할 수는 없다.

다만 막연한 기대예를 들어 아파트 값은 언젠가 오르리란 확증편향나 맞을지 안 맞을지 모르는 유명 강사들의 족집게 강좌와는 멀어져라. 우리가 부동산 투자에 대해 가져야 할 태도는 다음과 같다. 변화하고 있는 부동산 시장에 관한 정확한 팩트에 기반하여, 수익을 내기 위한 사업가적 마인드를 가져야 한다.

투자의 기본은 예상이다. 좋은 결과와 나쁜 결과, 예상 가능한 변수와 그로 인한 결과들을 두루 따져야 한다. 이를 위해서는 최대한 확실한 정보를 수집해야 하는데, 이것이 앞서 말한 팩트이다. 팩트는 크게 세 가지로 나뉜다.

첫째, 이미 발표되고 시행 중인 정책과 계획들이 있다.

둘째, 서울과 같은 대도시들에서 전 세계적으로 나타나는, 그리고 과거 정부와 현 정부 그리고 미래에 어떤 정권이 들어서든지 실시할 수밖에 없는 특정한 개발의 흐름이 존재한다.

셋째, 비교적 확실하게 수익을 볼 수 있는 부동산의 틈새시장이 있으며 이미 이를 통한 신흥 부동산 부자들이 나타나고 있다.

물론 지금 아파트를 사서 몇 년 뒤 수익을 볼 수 있을지 모른다. 필자가 아파트 투자를 말리는 것은 아니다. 단, 기왕 부동산 투자를 고민한다면 아파트뿐만 아니라 관점을 다양화하라는 뜻이다. 부동산이 곧 아파트라는 좁은 관점에서 벗어나서 다양한 가능성을 살펴보고 여러 형태의 투자에 관한 시야를 넓혀야 한다. 그러면 완전히 새로운 부의 기회에 다가설 수 있다.

시장의 기본 개념, 수요와 공급 법칙에 결국 답이 있다

누구나 오르는 곳을 사고 싶어 한다. 내 집 마련이 목적이라 해도 마찬가지다. 이것을 제대로 판단하기 위해서는 수요와 공급 법칙을 다시금 되새겨야 한다. 이와 관련한 자세한 내용은 《부동산 유치원》 20~21쪽을 참고하라. 정말 기본적이고 쉬운 내용이지만, 대한민국 부동산 투자자들이 가장 많이 간과하는 것이기도 하다.

시장은 수요와 공급으로 돌아간다. 이 간단한 원리를 모르는 사람은 없을 것이다. 이를 부동산 시장에 적용해보자.

수요(주간활동인구기 많은 곳, 일자리가 많은 곳)가 풍부한 지역이라면 부동산 가격이 올라갈 확률이 수요가 적은 지역에 비해 확률적으로 높다. 수요가 풍부한 지역의 경우 공급(아파트 공급이 적은 곳, 미분양이 없는 곳, 전세 가격이 높은 곳)이 못 따라간다. 이것이 서울 부동산 시장, 특히 강남의 부동산 시장의 가격이 유지되거나 상승되는 단편적인 이유이다. 수도권에 신규로 주택을 공급함으로써 서울의 집값을 누를 수 있다고 하는 사람들이 있는데 필자는 의견은 다르다. 수도권과 서울은 다른 수요로 보아야 하며, 공급도 마찬가지이다. 수도권에 공급하는 것이지, 서울에 공급하는 것은 아니다. 수도권 지역은 서울로 진입하려 하는 대기 수요로 판단해야 한다. 그런 한편, 서울에 주택을 공급할 수 있는 지역은 한정되어 있다는 것은 팩트이다.

지역별로 확인해보면 수요와 공급이 부동산 가격 형성에 미치는 영향을 예측할 수 있을 것이다. 예를 들어 한 지역에 미분양 물량이 많이 있다는 것은 수요에 비해 공급이 많다는 것을 뜻하며, 이때는 인근 지역과 동일 수급권 내에 미분양 물량도 확인해야 한다. 누구나 다 아는 수요와 공급 이론이지만, 투자 시 판단 근거로는 잘 활용되지 않는 것이 사실이다.

또 하나 주목해야 할 점은 주택 인·허가 현황이다. 서울을 중심으로 2018년 대비 주택건설인허가 신청 건수가 줄어들고 있다. 이로 인하여 2021년 이후 주택 공급은 줄어들 전망이다. 통상 아파트의 경우 분양 시점으로부터 3년이 지난 후 공급되기 때문이다.

잘 알다시피, 서울에 아파트를 공급할 수 있는 면적은 한정되어 있다. 만약 주택을 구입할 계획이 있다면 2020년 하반기까지는 지역적 특성을 잘 파악하며 보수적으로 판단해야 할 것이다. 수도권 아파트 공급량이 평균치 이하로 줄어드는 시기는 2021년 이후부터이다. 코로나 19로 인한 경제 상황도 반드시 고려해야 한다.

주택 대출 규제의
충격을 넘어서라

현 정부 들어 주택담보대출 규제가 강화된 탓에 실수요자들이 집을 사기 더 어려워졌다고들 한다. 특히 서울의 경우 대부분이 투기과열지구 또는 투기지구로 지정되어 무주택자가 중저가 아파트를 사려고 해도 집값의 40% 이상은 담보대출을 받을 수 없게 되었다. 대출이 어려워지는 바람에 서민, 특히 젊은 세대는 부동산으로 재테크할 길이 막막해졌다는 이야기들을 많이 한다.

필자의 생각은 좀 다르다. 아파트가 곧 부동산이라는 생각을 바꾸고, 정부의 정책 방향을 고려하면 앞으로의 부동산 시장에서도 성공을 거둘 수 있다. 지금까지 아파트에 관한 관점 변화를 설명하였으므로, 이번 장에서는 정부 정책을 보는 관점에 관해 이야기해보겠다.

현명한 판단을 위해 갖춰야 할 기본 능력

현 정권에서는 주택에 대한 규제 정책을 강화할 것이다. 시장이 어떠한 반응을 보이든 간에 이는 분명 예상 가능한 방향이다. 투자자로서 우리가 생각해야 할 것은 앞으로 펼쳐질 정부 정책이 시장에 어떤 영향을 미칠 것인가이다. 부동산 투자를 염두에 두고 있다면 정부 정책에 항상 민감하게 반응해야 한다.

정부 정책이 옳다 그르다를 논하기에 앞서 스스로 부동산 시장을 공부하고 투자에 관한 판단력을 기르는 것이 중요하다. 부동산 사업가로서 어떤 상황에서도 흔들리지 않도록 준비해야 한다. 이를 위해서는 다음의 능력들을 개발하도록 노력해야 한다.

첫째, 부동산의 본질을 파악하는 공부를 해야 한다. 부동산이란 3차원적 공간으로 구성되며, 이를 이용해 새로운 경제적 가치를 만들 수 있다. 즉, 가격으로 환원되어 경제 가치가 재창출될 수 있는 것이 바로 부동산이다. 그러므로 부동산 사업을 위해서는 토지가 가지고 있는 위치의 가변성인문적 특성을 이해해야 한다. 구체적으로 고려할 항목들은 다음과 같다.

경제적 위치 : 경제 성장, 소득 증대, 경기 변동, 교통체계 개선

행정적 위치 : 정책·제도·법률 등의 변화

사회적 위치 : 환경의 악화 또는 개선, 인구 변동, 학교 이전 등

둘째, 가지고 있는 가치에 정부의 정책과 제한받은 법률을 확인하여 각각의 부동산이 가지는 가치를 잘 판단할 수 있어야 한다. 한 부모에게서 태어난 쌍둥이들도 각각 성향이 다르다. 행동, 감성, 표현방식 등 외모는 비슷할 수 있으나 내면은 분명히 다른 사람이다. 부동산도 마찬가지다. 같은 지역이나 비슷한 환경이라 해도 각각의 부동산이 가지는 보이지 않는 특성들이 있다. 이를 현 정부의 정책 방향 및 부동산 대책과 연관지어 분석하고, 앞으로의 투자 방향을 수립해야 한다.

규제를 넘어선 성공의 핵심

부동산의 가격은 '정책+법률'로 이루어진다. 그러므로 정부가 생각하는 부동산 정책 방향을 알아야 가격의 흐름을 파악할 수 있다. 문재인 정부의 부동산 정책 방향을 보자.

문재인 정부는 포용적 복지국가를 위해 '서민이 안심하고 사는 주거 환경 조성'(국정과제 46.)과 '청년과 신혼부부 주거 부담 경감'(국정과제 47.)을 국정과제로 삼고 있다. 두 국정과제 하에서 공공임대주택의 공급과 운영·관리 개선, 임대주택 등록 활성화, 신혼부부 주거비용 지원, 청년 임대주택 공급 등 세부 부동산 정책을 추진하고 있다.

출처 : 대한민국 정책 브리핑

밀레니얼 부동산 부자들이 가야 할 '기존과는 다른 길'

현 정부가 지속적으로 강조하는 점은 집은 투자가 아닌 거주 대상'이라는 것이다. 바로 이 개념에 주목해야 할 것이다. 부동산은 사용가치+교환가치로 이루어진 재화이며, 주택도 마찬가지다. 대부분의 한국인에게 주택의 사용가치는 '거주'이며, 교환가치는 '자산'이다. 집을 투자가 아닌 오로지 거주의 목적으로만 생각하는 국민은 소수에 불과할 것이다.

지금까지 정부의 정책을 보면 집이 투자 대상이 아니라고 정의하는 한편, 집의 투자가 치를 인정하는 모순적인 면이 있다. 대표적인 예가 재건축 단지에 초과이익부담금을 부과한 것이다. 이는 재건축 후 가치를 인정한 것으로, 이것은 시장에 두 가지 파장으로 다가갔다. 하나는 재건축조합들의 부담금이 증가함에 따라 사업성이 불투명해지며 공급이 줄어든 것이고, 또 하나는 '초과이익'을 환수함으로써 신축 아파트의 시장 가격을 인정해준 격이 된 것이다.

그렇다고 투기를 하라는 것이 아니다. 거주 목적인 동시에 자산으로서의 가치를 가지고 있는 것이 주택이라는 사실, 그 변하지 않는 지점을 생각하면서 부동산 사업을 고민해야 한다. 책임감 있는 사회구성원으로서 역할하는 동시에 내 자산가치를 늘려나갈 방법을 생각해야 한다. 일례로, 노후 건물 하나가 환골탈태하여도 낡은 골목의 이미지가 바뀐다. 낡은 주택의 가치를 높이는 동시에 도시재생이란 측면에서 정부 정책에도 부합하며 사회에도 긍정적인 영향을 미칠 수 있다.

현 정부는 집을 투자가 아닌 거주 대상으로 보고, 투기수요를 철저히 차단하는 데 중점을 두고 있다. 정부의 부동산 대책 3대 원칙은 다음과 같다.

첫째, 투기수요 근절. 둘째, 청년과 신혼부부를 대상으로 한 맞춤형 대책. 셋째, 실수요자 보호.

주택청약제도 개선, 재건축초과이익환수제, 임대등록 활성화 등은 이 같은 원칙에 입각한 주택 시장 관리의 일환이다. 그렇다면 공급대책은 어떨까?

2023년 이후 안정적인 수도권 주택수급 기반을 갖추기 위해 세 차례의 공급대책을 통해 수도권 30만 호 공급계획을 마련했다. 수도권 광역교통망 개선방안도 함께 수립했다. 정부는 2017년 6월·8월 부동산 정책을 시작으로, 2018년 9월 주택 시장 안정대책과 2019년 8월 민간택지 분양가상한제를 순차적으로 발표해 왔다. 구체적이고 실효적인 정책을 통해 주택 시장을 점진적으로 안정시키고, 실수요자 중심의 제도를 정착해 나가도록 하고 있다.

출처 : 대한민국 정책 브리핑

주택 시장 안정화 방안인 9·13대책2018년과 10·1대책2019년의 연장선이라 할 12·16 대책2019년을 보자. 정부는 최근 주택 시장 동향과 관련해 아래와 같이 설명하고 있다. ●아래 내용은 읽기 편하도록 말투를 각색한 것임을 밝혀둔다.

첫째, 서울 등 일부 지역에서 국지적 과열이 재현되고 있다. 올해 전국 주택가격은 전반적인 안정세 하에, 서울 주택가격도 2018년 9·13대책 이후 11월 2주부터 32주간 하락하였으나, 강남권 재건축 발 상승세의 확산으로 강남(6/2주)·송파(6/3주)부터 상승을 시작하여 7월 1주부터 24주 연속 상승했다.

또한 분양가 상한제 적용 지역을 지정한(11.6) 이후 동작·양천·과천 등 미지정 지역을 중심으로 상승에 대한 기대 심리가 작용하면서 국지적 과열이 발생했다.

둘째, 집값 상승에 대한 기대감으로 매수세가 확대되며 갭투자 등 투기수요가 유입됐다.

셋째, 실수요에 대응하는 공급은 충분했다. 서울 아파트는 지난해 4.4만 호에 이어 올해와 내년에도 연간 약 4만 호 이상이 공급되어 실수요에 대응하는 공급 물량은 충분하다.

실수요에 대응하는 공급은 충분하다고 밝히고 있지만 대부분의 부동산 전문가들은 이 내용에 동의하지 않을 것이다. 공급이 충분하면 집값은 안정되었을 것이다. 하지만 현실은 어떤가? 현재도 수도권을 중심으로 가격이 상승하고 있으며 성남, 수원, 용인을 중심으로 가격이 큰 폭으로 올랐다. 12·16 대책은 앞서 말한 3대 원칙 아래 서민 주거 안정을 최우선으로 추진하기 위해 발표된 '투기지역·투기과열지구의 고강도 주택담보대출 규제 방안'이다. 문제는 시장의 반응이었다. 규제 정책이 발표되자 서울로의 접근성이 좋은 수도권 일대, 즉 성남, 수원, 용인, 안양, 의왕 등의 아파트 가격이 큰 폭으로 상승하였다. 이후 정부는 이에 대한 추가 규제 대책2020년 2·20 부동산 대책을 발표하였다.

여기서 우리가 주목할 점은 규제 정책의 화살이 서울 강남권을 중심으로 한 인접 구를 향해 있다는 사실이다. 전국 아파트 거래 규모를 보면, 서울을 중심으로 한 수도권 지역이 약 80% 이상이므로 수도권을 규제하기 위한 정책을 수립한 것이다. 이와 관련해 정부는 투기지역·투기과열지구 내 시가 15억 원을 초과하는 아파트에 관해 주택담보대출을 금지했으며, 9억 원을 초과하는 주택은 구간별로 주택담보대출 한도를 차등 적용한다는 정책을 내놨다. 이 정책기조는 당분간 지속될 것이다.

이는 무엇을 의미하며, 우리는 여기에서 어떤 힌트를 얻어야 하는가?

분명한 것은 다주택자를 막겠다는 것

9·13 대책 이전에 주택 매매·임대사업자는 사업자로 분류되어 대출 규제를 피할 수 있었다. 규제의 사각 지대가 발생했던 것이다. 대책 발표 이후, 기존 주택을 매입하여 임대사업 시에도 주택담보대출 규제 대상이 되었다. 대책 이전 주택 매매·임대사업자를 바라보는 정부의 시각은 다주택자가 아닌 민간공급자로 인식하는 것 같았다. 주택 임대사업자로 등록하면 여러 세제혜택을 부여했다가, 이후에는 혜택을 축소하였다. 이후 이어진 10·1 후속 대책을 통해 주택 매매사업자, 임대사업자개인·법인에 대한 대출 규제를 발표했고, 두 달 뒤인 12·16 대책 시 규제를 더욱 강화했다. 하지만 '주택을 새로 건축하여 임대주택을 신규 공급하는 경우에는 규제 대상에서 제외'한다는 예외 조항이 있다. 다시 말해 신축 시에는 대출 규제 대상이 아니라는 것이다. 단, 금융기관마다 예외 조항에 대한 해석이 다르고 접근하는 관점이 다르기 때문에 담당자와의 소통이 가장 중요하다.

다만, 주택 매매업자(개인), 주택 매매업·주택 임대업 영위 법인이 이미 건축되어 있는 주택을 담보로 받는 대출이 아니라, 주택을 신규 건설(등기부등본 및 건축허가증 등을 통해 주택 건설 사실을 입증하는 경우에 한함)하여 매매하는 경우로 해당 주택을 담보로 대출받을 때는 적용 대상에서 제외라는 조항이다.

현재 정부는 부동산 가격이 안정되려면 서울 및 수도권 지역에 대한 부동산 투기 세력을 차단하고, 다주택자 확장을 막아야 한다고 본다. 이것이 핵심이다.

지금과 같은 고강도 규제 속에서 우리는 다주택자가 아닌 1가구 1주택을 원칙으로 하며, 이것을 사업 모델로 연결해야 한다. 부동산은 사업이다. 사업적 마인드를 가지고 접근해야 하는 것이다. 사업을 하기 위해서는 철저한 개념적 사업 분석이 필요하다.

필자가 강의 시 가장 많이 이야기하고 또 강조하는 부분이 있다. '부동산 투자란 부동산의 가치를 찾아 가치를 극대화시키는 방안을 찾는 일'이란 점이다. 그리고 이를 위해 노력하라고 한다. 정부의 규제를 탓하는 것이 아니라 정부의 정책에 맞게 준비하고 분석하는 것이 우리가 해야 할 일이다.

앞서 이야기한 것과 같이 투기를 목적으로 부동산에 접근하면 실패 확률이 높다. '추격 매수'라는 용어를 한 번쯤 들어 보았을 것이다. 남들이 하니까, 잘된다고 하니까 준비 없이 남들을 좇아가면(추격) 어떻게 되겠는가? 성공할 확률보다 실패할 확률이 더 높은 것은 자명하다. SBS <골목식당>을 보면, 백종원 씨의 역할은 식당의 장단점을 파악하고 식당 운영자의 능력을 최대한 끌어올려 매출을 증대시키는 것이다. 그런데 종종 백종원 씨에게 비법만을 요구하는 출연자들이 있다. 기본을 지키기로 약속해놓고, 오로지 비법만을 추구한다. 그래서 솔루션 때마다 백종원 씨가 가장 강조하는 것이 바로 '기본기'이다.

부동산도 동일하다. 시대적 흐름을 인지하며, 지식을 습득하고, 또한 연습해야 한다. 정부가 정책을 발표하면 관심을 가져야 하며, 내용을 인지하고, 습득해야 한다. 그리고 방향을 정해야 하는 것이다. 현재 정부의 정책이 고강도로 부동산 시장을 규제하고 있지만, 그럼에도 부동산 가격은 상승했으며 크게 보면 앞으로도 조금씩 상승할 것이다. 물론 일부 하락하는 지역도 있을 테다.

여기에 더해 정부의 정책 흐름 상, 그리고 도시 환경과 세계적 추세로 말미암아 반드시 대세가 될 부동산 개발 또한 존재한다. 우리가 해야 할 것은 자신만의 투자 기준을 가지고 비전 완성, 투자할 만한 지역 상승할 지역을 찾고, 적합한 사업 모델을 수립하고 수익을 낼 사업계획, 이를 수행하기 하기 위한 기술과 노하우 퍼포먼스 능력를 개발하는 것이다. 이를 위한 첫 단계는 지금까지 꾸준히 강조했듯이 부동산이 곧 주택, 아파트라는 관점에서 벗어나는 것이다.

이 책을 읽는 독자 여러분 모두 부동산 사업가라는 생각을 가지길 바란다. 앞으로 부동산 시장에서도 사업계획 수립, 정부 정책 분석, 수지분석, 지역분석 등을 통하여 충분히 성공할 수 있다. 규제나 자본이 중요한 것이 아니다. 더 중요한 것은 투자자 자신의 인식, 지식, 연습이다.

새로운 부의 패러다임,
낡은 건물과 빈집의 시대가 왔다

각 시도 지역의 주택 수를 가구 수로 나눈 것을 '주택 보급률'이라고 하며, 지역별로 주택 공급 수준을 나타낸다. 국정 모니터링 지표인 e-나라지표 자료를 보면 전국의 주택 보급률은 100%를 넘어섰다. 2018년 기준 전국의 주택 보급률은 104.2%로, 주택 보급량이 가구 수를 초과하고 있다. 서울 지역의 주택 보급률은 어떨까? 2018년 기준 95.9%로, 통계지표만 보면 주택 공급량은 이미 충분하다. 하지만 주위를 둘러보면 집을 소유한 사람보다 소유하지 못한 사람이 훨씬 많다. 이와 관련해 보다 현실적인 숫자는 자가自家, 즉 자기 집과 관련된 비율에서 나타난다. 2019년 5월 국토교통부와 국토연구원이 발표한 2018년도 주거실태 조사 결과를 보면 자가점유율자신이 소유한 주택에 거주하는 비율은 57.7%, 자가보유율주택을 소유하고 있는 비율은 61.1%이다. 주택보급률만 보면 모든 가구가 주택을 보유하고 있어야 하나 실상은 그렇지 않다.

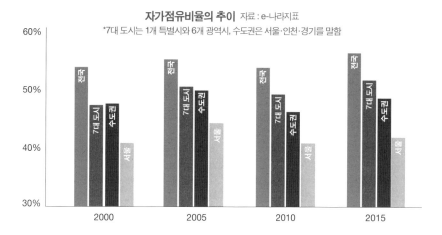

자가점유비율의 추이 자료 : e-나라지표

*7대 도시는 1개 특별시와 6개 광역시, 수도권은 서울·인천·경기를 말함

주택보급률이 해마다 증가하여 이미 전국 평균 100%를 넘어섰는데, 내 집 한 채가 없는 이유는 무엇일까? 이는 두 가지 측면에서 바라봐야 할 것이다. 하나는 다주택자로 인한 것이고, 또 하나는 기존 주택 중 노후된 주택들이 통계에 포함되었기 때문이다. 우리가 주목할 것은 후자의 요인이다.

대다수의 사람들은 신축을 선호한다. 물건도 기왕이면 깨끗한 새 것 상태를 쓰고 싶듯, 집도 기존 주택보다는 새로 지은 집을 선호하는 것이 당연하다. 관리하기도 힘들고 한눈에 봐도 낡고 초라한 주택을 구매하려는 사람은 많지 않다. 그러다 보니 자연스럽게 슬럼화_{오염되어 쇠락하는 현상}되는 지역이 늘어나고 있다. 재개발 혹은 재건축을 통해 슬럼화된 지역에 새로운 시설_{주택 등}을 보급함으로써 이 문제를 해결할 수 있으면 좋겠지만, 재건축·재개발에는 복잡한 절차와 오랜 기간이 소요된다. 각 소유자들의 이해관계, 성향 등에 따라 의견이 다른 데다 사업을 진행하기 위해서는 노후 주택 등을 철거 후 신축해야 하기 때문이다. 갑론을박이 진행되는 와중에도 슬럼화는 진행되는데, 심지어는 사업이 언제 진행될지, 실제 진행될지도 미지수인 경우가 많다. 이에 대한 해법으로 나온 것이 '도시재생사업'으로, 현 정부의 국책 사업이기도 하다. 한 마디로, 있는 것을 다시 재생정비해서 슬럼화된 도시 환경을 개선하는 것이다.

도시재생은 오늘날 전 세계적인 트렌드로, 이제는 우리에게도 제법 익숙한 단어이다. 그런데 재개발·재건축과 도시재생은 무엇이 다를까? 가장 큰 차이는 개발의 방식이다. 재개발과 재건축의 경우 전면 철거 방식을 전제로 사업을 진행하는 반면 도시재생사업은 전면 철거는 지양한다. 대신 서울형 도시재생유형 사업 모델로 구분하여 기존 공간의 장점을 최대한 살리는 방향으로 진행된다. 재개발·재건축을 추진하면서 가장 큰 문제점으로 이야기되는 것이 원주민의 입주율이다. 대다수의 원주민은 재개발 또는 재건축 후 재입주율이 낮아 이 부분이 문제점으로 나타났으며, 임차인들에 대한 문제도 발생했다.

낡은 건물과 빈집을 관심 있게 지켜보아야 하는 이유

앞서 이야기했듯이 부동산은 사업이다. 다수의 사람들이 아파트, 신축에 관심을 가질 때 우리는 다른 곳으로 눈을 돌려야 한다. '도심 속에 과연 낡은 건물, 빈집이 존재할까?'라는 의구심이 들 수 있다. 각 지역마다 차이는 있겠지만 분명히 존재한다. 낡은 건물을 포함하고 있는 부동산의 가격 구성을 보면 건물의 가격은 거의 제로에 가깝다. 그럼 부동산의 가격은 어디서 나오는가? 바로 토지의 가치에서 나온다.

토지의 가치? 흔히 들어본 이야기는 아닐 것이다. 앞으로 필자는 부동산의 가치에 관해 반복적으로 말할 것인데, 그만큼 중요하기 때문이다. 이와 관련해 한 가지 예를 들어 설명해보겠다. 소형 주택을 건축하는 관계자들이 찾는 토지란 어떤 것일까? 정답은 북北 도로를 포함하고 있는 토지이다. 북쪽에 도로를 접하고 있는 토지를 선호하는 이유는 그만큼 가치가 있기 때문이다. 바로 이해하기는 쉽지 않을 것이다. 좀 더 자세히 알아보자.

부동산의 가격은 정책+법률로 이루어져 있다고 앞서 설명했다. 북 도로를 접해 있는 토지는 동, 서, 남에 접해 있는 토지에 비해 법률적 제한을 받지 않는다. 여기서 법률적 제한이란 '정북 방향 일조권 사선 제한'을 가리킨다. 정북

일조권 사선 제한

1개 층의 높이가 3m인 건물에 일조권 사선 제한이 적용된 경우. 폭 6m 도로와 접해 있으므로 확보할 수 있는 면적이 커진다. 건물의 모양은 층고와 건물의 최대 높이에 따라 달라질 수 있다.

방향 일조권 사선 제한이란, 남쪽에 집이 지어지면 북쪽에 있는 집에 햇볕이 안 들어가게 되므로 **옆 건물의 일조권을** 확보해주기 위해 정북 방향과 인접한 대지경계선에서 일정 거리 이상 떨어져 건축하게끔 규정한 것이다. 그러나 정북 방향 일조권 제한이 다 적용되는 것은 아니다. 전용주거지역이나 일반주거지역에만 해당된다 건축법 시행령 86조. 종종 실루엣이 마치 계단처럼 생긴 건물을 볼 수 있는데, 이것은 건축법 법률 조항 때문이다. 두 대지가 인접해 있을 경우 건물 높이로 인해 일조량을 방해받을 수 있으므로 최소한의 권리 확보를 위해 법률로 제한하는 것이다.

위와 같은 이유로, 지역적 토지조건 면적, 가격 등이 동일하다면 북측 도로에 접해 있는 토지가 더 가치 있다고 판단한다. 사용할 수 있는 공간을 더 확보할 수 있기 때문이다. 이처럼 부동산의 가치를 평가할 때는 하나의 조건이 아닌 여러 가지 법률 조건을 대입해봐야 한다.

재개발, 재건축, 도시재생사업 등에 일반인들이 접근하기는 매우 어렵다. 필자는 일반 개인 투자자라면 도시재생 뉴딜 로드맵 중 자율주택정비사업에 집중하길 권하며 이 책에서도 그와 관련해 주로 이야기할 것이다. 자율주택정비사업은 정부의 지원사업이다. 사업성 분석부터 이주까지 서비스를 제공한다고 발표했다. 도시재생 뉴딜 로드맵 중 관련 내용을 보자. ●아래 내용은 읽기 편하도록 말투를 각색한 것임을 밝혀둔다.

노후 저층 주거지를 쾌적한 주거 환경으로 정비 : 노후 주거지 정비 활성화를 위하여 자율주택정비(집주인 2명 이상이 모인 주민합의체 주도로 건축협정 등을 통해 공동주택 신축) 시 사업비

융자를 최대 70%, 연 1.5% 제공한다. 사업성 분석부터 이주까지 원스톱 서비스를 제공하는 통합지원센터를 설립한다.

가장 주목해야 할 것은 2명 이상이 모인 주민 합의체라는 부분이다. 단독개발보다 주민합의체를 주도로 하는 사업을 장려하고 있다. 정부가 발표한 보도자료를 인용하면 다음과 같다.

자율주택정비사업은 2~3명의 집주인(10필지 미만)이 뜻을 모아 노후 주택을 허물고 새로운 주택을 건설하는 소규모 정비사업으로, 재개발 등 전면 철거 사업과 달리 원하는 사람만 사업에 참여하여 주민 갈등을 예방할 수 있고, 주거 내몰림도 최소화할 수 있는 등 도시재생 뉴딜사업의 중요 사업수단으로 주목받아 왔다.
다만, 사업 규모가 작고 자율주택정비사업에 대한 주민 개개인의 전문성이 부족하여 주민 스스로의 힘만으로 사업을 원활히 추진하는 데에 다소 어려움이 예상되었다.

자율주택정비사업의 조건과 장단점을 설명하고 있다. 2~3인의 토지소유자 등이 필요하며, 사업 규모가 작고, 전문성이 부족하다고 말하고 있다. 사업 규모가 작다는 의미를 잘 생각해봐야 한다.

앞서 부동산은 사업이라고 했다. 철저한 사업계획 수립으로 투자에 대한 위험성을 줄여야 한다. 이때 '사업 규모'는 공동주택 신축을 목표로 건축협정을 체결한 경우, 여기에 들어가는 총비용을 뜻한다. 나아가 매각할 수 있는 가격도 산정해야 하는데, 즉 제조원가(토지비 + 공사비)와 매각 가능한 가격을 산정하여 사업수익률을 예상할 수 있어야 하는 것이다. 이런 판단을 사업성 판단이라고 한다. 사업성을 판단하여 수익이 나오지 않는다면 다른 방안을 찾아야 한다. 무조건 신축이 대안은 아니다. 사업성을 판단하기 위해서는 법률, 시공, 금융, 신축 후 운영 전략 등이 포함되어야 한다. 전문성이 부족하다는 것은 이런 모든 분야를 포괄한 것이라 생각된다.

2인 이상만 되면 가능한 미니 재건축, 총사업비의 반 이상을 저금리로 대출 가능

자율주택정비사업에 주목해야 하는 이유는 건축협정형, 자율형, 합필형 중 가장 합리적인 사업 방식을 채택하여 수익성을 극대화할 수 있기 때문이다.

어느 사업이든 사업비를 확보할 수 있느냐 여부가 핵심 이슈 중에 하나이다. 자율주택정비사업은 정부에서 금융혜택을 통하여 총사업비의 70%까지 저금리로 지원해주고 있다. 자율주택정비사업은 대규모 재개발·재건축의 축소판이다. 재개발·재건축은 사업 기간이 굉장히 길다. 하지만 자율주택정비사업은 주민합의체를 구성, 사업시행인가만 받으면 바로 시행 가능하다는 장점이 있다. 기존 주택 경우 단독주택 10호 미만, 다세대주택 20세대 미만, 단독 및 다세대주택이 혼합된 경우 20채 미만이 해당되며 재건축·재개발을 축소한 미니 재건축 혹은 재개발로 이해하면 된다.

그럼 우리는 '무엇'을 해야 하는가? 첫째, 주민협의체 충족 요건을 인지해야

자율주택정비사업의 세 가지 모델

합필을 하지 않고도 여러 토지를 하나의 대지로 간주하고 건축을 추진하는 방식으로, 맞벽·합벽을 통해 효율적 건축이 가능하고, 주민 간 커뮤니티 공간 마련도 가능하다.

맹지 건축이 가능하며,
상호 일조권 미적용,
조경 및 부설 주차장 통합 설치가
가능하다.

맞벽건축

대지경계선 (50cm 이상)   대지경계선 (50cm 이내)

합벽건축

대지경계선   대지경계선

자율형

구획만 재정리(토지면적 60㎡ 이상 가능)하여 사업을 진행하는 방식 : 개별 필지의 집 주인이 자율적으로 건축을 진행한다.

도로

구획정리 +합필

도로

합필형

2필지 이상 토지를 합쳐서 1필지로 지적을 정리한 후 사업을 진행하는 방식 : 소유권 신탁 등을 통해 합필을 추진한다.

합필

한다. 단독주택의 경우 최소 2필지 2인 이상이다. 둘째, 자율주택정비사업의 사업 방식 세 가지_{합필형, 자율형, 건축협정형} 중 맞벽 건축협정형에 집중해야 한다.

왜 맞벽 건축협정형에 주목하라는 걸까? 맞벽 건축 개발을 통한 연계 개발로 건축 연면적과 용적률을 추가 확보할 수 있기 때문이다. 합벽은 권유하고 싶지 않다. 시간이 지난 후 서로의 이해관계 변화에 따라서 문제가 될 수 있는 요소가 존재한다.

다소 생소한 이야기일지 모른다. 맞벽의 강점은 건물과 건물 사이의 경계 너비가 줄어듦에 따라 사용할 수 있는 면적이 늘어난다는 것이다. 건축법 용어로 이야기하면, 용적률을 최대한 이용할 수 있는 것이다.

사업_{주민합의체} 규모가 크다면 사업지에 장기임대주택을 건설하는 것도 고려해야 한다. 서울시는 용적률, 즉 건축 규모를 법적 상한치까지 올려 주는 인센티브를 제공하고 있다. 단, 사업 대상 지역의 여건_{수익성 등}과 사업 시행 능력, 준공 후 운영 능력 등을 종합적으로 고려해 판단할 필요가 있다. 긍정적 부분인 인센티브만 보고 계획을 수립했다가 다른 부작용과 맞닥뜨릴 수 있기 때문이다.

장기임대주택 총사업비의 50%는 주택도시보증공사에서 연 1.5%로 받을 수 있다. 엄청난 혜택이다. 연면적 20% 또는 가구 수의 20%를 8년간 임대조건으로 하는 경우 총사업비의 70%까지 확대하여 지원받을 수 있다. 그 중 강점으로 내세울 수 있는 것은 LH공사와 사전협의가 되면 임대주택에 대한 매입 확약을 받을 수 있다는 점이다. 이런 조건은 사업성 검토에 미치는 영향이 크므로 사업지 여건에 따라서 활용하면 리스크를 최소로 줄일 수 있다.

건축협정의 또 다른 강점은 외형 디자인을 통일할 수 있다는 것과 커뮤니티 시설에 관한 것이다. 외형 디자인을 통일함으로써 소규모 사업이라도 단지화할 수 있고, 용적률이 늘어남에 따라 커뮤니티 시설 설치 등을 고려할 수도 있어 공간에 대한 활용도를 높일 수 있다. 요즘 부동산의 트렌드를 보면 커뮤니티 시설 설치 여부가 가격에 영향을 미치는 요소가 되어 가고 있다. 부동산은 공간적 개념을 잘 이용해야 한다. 2차원적 개념이 아닌 3차원적 개념을 생각해야 하며, 시대적 흐름과 앞으로의 흐름을 파악하는 것이 중요하다.

우리가 자율주택정비사업에 주목해야 하는 다른 이유는 정부의 주택안정화 방안_{부동산 대책}에 나오는 장려 정책이기 때문이다. 문재인 정부가 발표한 부동산 대책은 다 규제 정책인 반면, 자율주택정비사업은 장려 정책이다. 장려한다는 것은 다음 정권에서도 해당 정책을 이어갈 확률이 높음을 뜻한다.

이런 이유로 새로운 부동산 투자 패러다임의 발견, 낡은 건물과 빈집의 시대에 집중해야 하는 것이다.

노후가 진행되는 한국의 도심,
그 안에 투자의 답이 있다

우리나라의 건물들이 늙어가고 있다. 국토교통부에서는 준공 후 30년이 넘으면 노후 건축물로 판단한다. 2018년 기준 서울 41%, 경기 19.6%, 부산

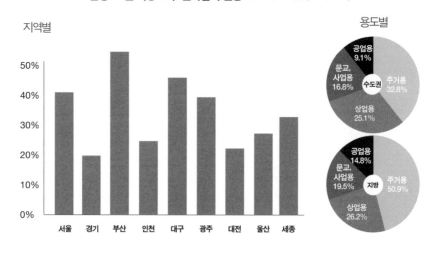

준공 30년 이상 노후 건축물의 현황 자료 : 국토교통부(2018, 2019)

53.2%, 인천 , 대구 47%, 광주 37.3%, 대전 22.1%, 울산 28.6%, 세종 32.4%가 노후 건축물이며, 이 같은 현상은 현재도 빠르게 진행 중에 있다. 용도별 현황을 보면 주거용 건물의 노후 비율이 수도권과 지방 모두 높게 나타났는데 그 중에는 재건축·재개발이 예정된 곳도 있다.

이처럼 노후 건축물이 많아진 것은 왜일까? 급격한 경제 성장을 겪었던 시기에 지어진 건물들이 많기 때문이다. 1950년대 후반 한국 전쟁 이후 복구기를 지나 60년대에 접어들면서 우리의 도시와 건축은 급격한 속도로 발전하기 시작했다. 1962년 제1차 경제개발 5개년 계획을 시작으로 1990년까지 약 30년간 '근대화'라는 슬로건 아래 도시 개발이 이뤄지며 엄청난 수의 농어촌 인구가 도시로 유입되었다. 그에 따라 건설의 양적 팽창이 일어났다. 90년대에는 수도권 신도시 조성 등 97년 외환위기 전까지 대규모 건설 프로젝트들이 이

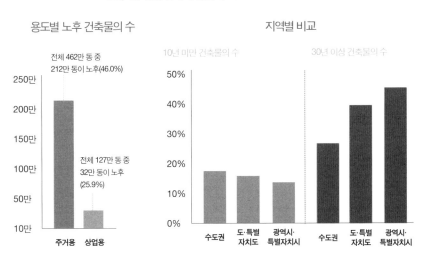

노후 건축물, 얼마나 많을까 자료 : 2018 건축 통계 자료

용도별 노후 건축물의 수

지역별 비교

어졌다.

90년대라고 하면 그리 오래되지 않은 과거로 생각되나, 사실은 대도시권을 중심으로 1990년대에 지어진 건물이라 해도 이미 노후건축물에 속한다. 일례로 2018년 12월 강남구 테헤란로에 소재한 빌딩에 붕괴 조짐이 있다는 신고가 들어왔다. 안전진단 결과 철거가 시급한 수준인 E등급이 나왔다. 일부에서는 부실 공사 가능성을 제기했으나, 그 빌딩은 1991년 준공 이후 노후화가 진행된 건물로 분류할 수 있다. 그런데 전국에 이 건축물보다 노후된 건축물이 이미 40%에 다다르고 있다.

활용 방안에 따라 그 가치가 달라질 노후 건축물, 가능성을 상상하라

부동산에 관심이 있고, 투자를 생각한다면 노후화된 건축물을 어떻게 활용할 것인지 집중적으로 생각해봐야 한다. 특히 젊은 투자자라면 장기적인 안목에서 복리효과를 볼, 다시 말해 부의 스노우볼을 굴릴 투자에 집중해야 한다. 앞서도 말했듯 노후 건축물의 건물 자체 가치는 제로인 경우가 많으며, 남아있는 것은 토지뿐이다. 그런데 지가地價는 항상 상승해왔다. 극단적으로 말해 건물이 무너지더라도 토지는 사라지지 않는다. 즉, 노후 건축물을 적정한 값으로 산다면 안정적인 부의 기반이 될 수 있다는 말이다.

여기에 더해 노후 건축물은 앞으로 늘어나면 늘어났지, 그 수가 줄어들 일은 요원할 것이다. 레드오션이라 할 아파트 시장과 달리, 노후 건축물과 관련된 시장은 블루오션이며 그 안에는 무한한 기회와 가치가 숨어있다. 그러므로 지금부터 관심을 가지고 공부해보길 권한다.

그렇다면 어떤 공부를 해야 할까? 부동산과 관련해 많은 이들이 착각하는 부분이 있다. 물건만 사면 끝이라고 생각하는 것이다. 그러나 부동산은 취득이 중요한 게 아니다. 사용 목적, 수익 목적, 매각에 대하여 다양한 관점에서 고민하고 분석해야 한다.

부동산을 제품에 비교해보자. 어떤 제품에 대하여 가격을 지불하고 그 이상의 만족감을 얻는다면, 즉 사용 목적에 부합했다면 재구매가 이뤄질 것이다. 부동산은 제품과 같으면서 다르다. 가장 큰 차이점은 계약에 의해 기간이 설정되고, 사용 목적과 범위에 따라 사용에 대한 가격을 지불한다는 점이다. 제품은 한 번 쓰고 만족하지 못하면 다시 안 쓰면 그만이다. 그러나 부동산은 계약조항에 묶이기 때문에 나의 예상과는 다른 결과를 초래할 수 있다. 아무리 신중하게 생각하고 판단해도 모자라지 않는 이유다. 부동산을 구입할 의사가 있다면 부동산의 활용 방안을 깊게 고민해야 한다.

부동산의 특징 중 한 가지는 다른 실물자산에 비해 환금성이 떨어진다는 것이다. 거래 가격의 규모가 다른 실물자산보다 크다는 이유도 있지만 용도에 따라 수요층이 많지 않은 까닭이기도 하다. 이런저런 사유로 신중을 기해야 한다. 하지만 두려워할 필요는 없다. 아는 만큼 보이며, 바로 그 점에서 성공과 실패가 갈린다. 학창 시절에 현장학습, 유적지 답사 등을 다녀온 경험들이 있을 것이다. 지역의 역사적 배경을 알면 눈에 보이는 것과 머릿속에 기억되는 것이 다르다는 걸 알 수 있다. MBC <선을 넘는 녀석들>은 역사 선생님과 함께 대한민국 곳곳을 돌아다니며 우리가 몰랐던 숨겨진 역사를 알아보는 탐사 여행 프로그램이다. 이 프로그램을 시청하다 보면 '아는 만큼 보이고, 보이는 만큼 느낀다'는 말을 실감하게 된다.

상품을 구매할 때도 마찬가지다. 사용된 부품의 사양을 따지며 성능을 꼼꼼히 살피고, 사용 목적에 따라 가격, 외관, 무게 또한 꼼꼼하게 비교한다. 동일 상품이라도 제조사마다 성능이 약간씩 다르기도 하고, 유사 제품인 것 같지만 완전히 다른 경우도 있기 때문이다. 부동산도 구매하기 전 여러 가지 관점에서 살펴봐야 한다. 일례로 주거용과 상업용은 사용 목적이 다르므로 공간에 대한 해석을 다르게 해야 한다. 이 점을 감안하고 어떤 공간으로 어떻게 개발할 것이며 그것이 수익과 관련해 어떤 결과를 낳을지 꼼꼼히 시뮬레이션해야 성공 확률이 높아진다.

이제부터는 사람이 모이는 장소, 명소라고 불리는 가게, 인터넷에 소개된 독특한 상가나 주택을 보면 그 공간이 어떻게 구성되었는지를 살펴보자. 사용된 자재는 무엇이며, 공간을 어떻게 활용하고 있고, 어떤 방식으로 수선하거나 신축했는지 알아보자. 관심이 가는 지역은 직접 가보거나 네이버 부동산 등을 통해 현황을 확인하고 흥미로운 노후 건물이 있으면 노후도에 따른 선택, 공간 활용의 가능성, 사업성 등을 상상하고 시뮬레이션해보는 것도 필요하다. 부동산 사업가로서 능력을 높이기 위한 공부를 계속하다 보면 분명 성공의

문이 열릴 것이다.

리모델링, 신축보다 쉽다고?
착시효과일 수 있다!

또한 재생, 즉 리사이클링에 대해서도 고민해야 한다. 요즘 노후 건축물 리모델링 사업에 관심을 보이는 사람이 부쩍 많아졌다. 리모델링과 관련된 강의 또한 많아졌는데, 강연장을 찾으면 리모델링이 신축보다 쉬울 것이라는 막연한 예상을 가진 분들이 대다수다. 그러나 리모델링에는 신중하게 접근해야 한다. 도시재생에서의 리모델링이란 우리가 쉽게 접하는 주거공간에 대한 리모델링_{인테리어에 가까운}이 아닌 대수선, 개축 등을 동반하는 리모델링이기 때문이다.

부동산 구입에는 사용·수익적 목적이 반드시 전제되어 있다. 직접 사용하든 임대용이든 사용 목적이 수반되며, 차후 매각차익까지 고려해야 한다는 것은 수차례 언급한 바다. 우리가 잘 아는 홍대 거리를 떠올려 보자. 홍대 거리는 시대적 흐름에 따라서 변화되기 시작했고 주변 상권이 발달함에 따라 주거공간이 상업공간으로 용도 변경돼 사용되고 있다. 그에 따라 부동산의 가격도 상승하게 되었다. 홍대 주변에 아파트보다는 단독주택이 밀집되어 있어 용도 변경이 가능했다고 생각된다.

만약 당신이 홍대에 있는 단독주택을 구매할 의사가 있다고 생각해보자. 의사결정을 하기 전 무엇부터 고민해봐야 할까? 의사결정 이후의 사업계획이다.

신축 사업까지 고려하지 않으면 진정한 사업성을 판단할 수 없다

필자가 검토했던 사업지 중 한 사례를 소개한다. 강남역으로부터의 직선거리 800m에 위치한 대지 면적 40평대 노후 주택이었다. 강남은 사업성의 60~70%가 토지의 숨겨진 가치에서 결정된다. 토지 가격이 전체 사업비에 차지하는 비중이 매우 높기 때문이다. 현재 상태의 단독주택을 2종 근린생활시설로 용도변경하는 리모델링 사업과 신축 사업을 동시에 검토했다. 리모델링 시 사업성은 좋게 나왔다. 신축 사업과 관련해서는 대지 위치 및 관련 법률을 검토하여 기획설계했다. 이 기획설계를 바탕으로 운영전략 및 계획을 검토한 결과, 3~5층은 실사용 면적이 충분하게 나오지 않아 임대수익이 인근 시세 대비 낮은 것으로 판단, 수익성에 대한 불확실성으로 사업을 철회했다. 임대수익은 부동산 가치를 판단하는 중요한 기준이며, 수익률과 직결된다. 부동산 가격은 높고, 수익률은 낮으면 시장에서 외면당한다. 만약 토지비가 사업성이 나오는 조건까지 내려간다면 고려해볼 수 있지만, 주택 소유자가 낮은 가격에 팔지 않겠다고 한 터라 사업성이 낮다고 판단할 수밖에 없었다. 이 사업지는 다른 사람에게 매각될 가능성이 존재한다. 소형 필지의 사업성 판단은 사업 시행자의 주관에 의한 것이므로, 사업 모델과 방향에 따라 다른 판단을 할 수 있다는 점을 밝혀둔다.

사업 방식부터 고민해보자. 사업 방식은 크게 두 가지밖에 없다. 신축 아니면 리모델링이다. 신축은 말 그대로 완전히 새로 짓는 것이며, 리모델링은 기존 건축물을 수선함으로써 건물의 수명을 길게는 10~15년 연장시킨다는 관점에서 출발해야 한다. 물론 다른 의견도 있을 것이다.

먼저 신축에 대한 사업성 검토를 한 후 리모델링에 대한 사업성 검토를 해야 한다. 두 가지를 다 고려해야 하는 것이다.

리모델링의 강점은 신축 시 발생되는 가장 큰 위험성이 존재하지 않는다는 것이다. 즉, 공사 민원, 강화된 건축법으로 인한 건축 연면적의 감소를 피할 수 있다. 구조 보강을 통해 현재 활용 면적을 감소 없이 사용할 수 있으며, 증축을 통해 면적을 증가할 수도 있다. 물론 모든 건축물을 증축할 수는 없고, 적법한 절차에 의해 해당되는 곳만 가능하다. 그럼에도 불구하고 신축 사업성 검토를 꼭 해야 하는 이유는 리모델링 이후 건축물의 수명이 다하면 결국 신축을 할 수밖에 없기 때문이다.

바로 코 앞만 볼 것이 아니라 장기적인 안목을 가지고 접근해야 한다. 부동산은 세심하게 검토하고 긴 시야로 바라보는 것이 중요하다. 자신의 머릿속에 존재하는 '당연함'을 버려라. 그러면 미래가 달라진다. 지금까지 부동산에 관해 학습해온 '상식'을 버려야 한다. 다시 말해 많은 사람들이 보편타당하다고 여기는 생각들과 이별해야 한다는 것이다. 이 같은 관점 전환은 한번에 이뤄지지 않는다. 꾸준한 관심, 깊은 고민, 남과 다른 발상을 위한 공부가 전제되어야 한다. 부동산을 어떻게 이용할 것인지, 어떤 부동산에 관심을 가질 것인지에 대해서도 다시 생각해야 한다. 이렇게 관점을 달리 하면 뜻밖의 기회를 발견할 수 있다. 그것이 남들이 잘 보지 못하는 틈새시장이며 블루오션이다.

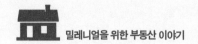

세상에 이런 부동산 사업도 가능해?!
발상의 전환으로 부자가 된 사람들

우리나라의 부동산 시장을 이야기할 때 자주 언급되는 것이 1980년대 일본의 부동산 시장이다. 급격한 상승이 절정에 이르렀던 1991년, 도쿄의 중심부인 긴자의 토지 공시가는 3.3㎡당 1억 1천만 엔한화 약 10억 원을 넘어섰다. 참고로 현재 우리나라에서 가장 비싼 땅인 중구 충무로 1가의 공시지가는 평당 3억 원 선이다. 이후 일본의 부동산은 거품이 걷히기 시작해 현재까지 누적하락률이 53%에 달한다2016년 기준. 25년 동안 반값이 된 것이다. 우리의 부동산 시장과 공통점 및 차이점이 분명히 존재하므로 여기서는 그와 관련된 이야기는 하지 않겠다. 분명한 사실은 우리에 앞서 일본이 먼저 인구 감소와 고령화를 경험했다는 것이다. 저출산으로 인구가 줄고, 고령화가 진행되면서 베드타운은 쇠락했다. 빈집이 급격하게 늘어나 도쿄에만 무려 90만 채에 이른다.

여기까지 들으면 일본의 부동산 투자자들은 모두 망했을 것만 같다. 그런데 이런 빈집과 낡은 건물을 이용한 역발상형 부동산 부자들이 나타나 주목을 끌고 있다.

1977년생인 무라카미 유쇼 씨, 서른 살 때 그는 사업을 막 시작한 친구를 도와주기 위해 전단지를 붙이러 다니다가 빈집이 너무 많다는 것을 깨달았다. "빈집을 어떻게 활용할 수 없을까?" 무라카미 씨가 생각한 사업 형태는 빈집 소유들의 허가를 받아 임대주택으로 활용하는 것이었다. 소유자에게도 윈이며, 임대료를 얻을 수 있는 무라카미 씨 입장에서도 윈, 그리고 사회적으로도 의의가 있는 일이라 생각했다. 그는 현재 취득 비용이 없는 소위 '폐허 부동산 투자 기술'이란 블로그를 운영하며, 자신의 노하우를 책과 세미나로도 공유하고 있다. 이런 식으로 70곳의 빈집을 재생하여 연수입 1,200만 엔을 벌어들인 것으로 알려졌다.

한편 오사카의 수익형 부동산 전문가인 미키 아키히로 시는 350채의 낡은 집을 재생하여 현재까지 300억 엔 이상의 자산을 구축했다. 그는 저렴하게 빈집이나 낡은 건물을 매입, 리모델링이나 신축을 통해 재생시킴으로써 고수익 물건으로 만든다. 이 같은 투자의 평균 수익률은 15~20%라고 한다.

공터 등 저렴한 땅을 주차장, 중고차 매장, 창고 등으로 개발하여 대여하는 경우도 있다. 가토 히로유키 씨는 공터 개발은 수리비가 거의 들지 않으므로 수익률이 40%에 달한다고 밝혔다. 의외로 개발하기 어려운 규모의 작은 공터들이 곳곳에 존재하는 데 착안하여 사업을 시작했다고 한다. 그는 공터를 저평가된 주식과 같다고 생각한다. 이미 가치가 존재하므로 떨어지지 않고, 대신 오르면 크게 오른다는 것이다.

과거 가파르게 성장하던 신흥 국가 도시였던 서울은, 이제 고령화와 인구감소를 걱정하는 '늙어가는 메트로시티'에 진입했다. 앞선 문제를 이미 겪은 일본 도시의 신흥 부동산 부자들에게서 우리도 어떤 영감을 얻을 수 있지 않을까?

Real Estate Investing for Millennials

둘째,　　　　　밀레니얼
부동산 부자들에게서
　　　　　　배워라

STEP 2 _ 비전완성

밀레니얼 부동산 부자들은
무엇이 다를까?

승현기명 씨가 처음 부동산 투자를 시작한 것은 20대 후반, 종잣돈은 단돈 3천만 원이었다. 종잣돈은 주식과 펀드 투자수익으로 만들었는데, 이 돈으로 처음 투자한 물건은 작은 자본으로도 가능한 빌라였다. 그 역시 처음에는 '서울에 내 집 한 채를 가지고 싶다'는 평범한 생각으로 부동산 투자를 시작했다. 첫 투자를 시작한 후 10여 년 동안 주거용과 상업용 부동산 5건 이상을 매입했고, 그중 절반 정도는 매각한 상태이다. 3천만 원으로 시작한 투자금은 그 사이 20배 정도로 불어났다.

"지금은 꼬마빌딩, 상가주택, 구분 상가 같은 상업용 부동산에 관심을 가지고 있습니다. 아파트, 빌라 같은 주거용 부동산은 시세가 정해져 있고 경쟁이 치열해서 낮은 가격에 구입하는 것 외에는 투자자가 역량을 발휘할 부분이 제한돼 있습니다. 하지만 상업용 부동산은 투자자의 노력에 따라 얼마든지 가치를 높일 수 있어서 공부할수록 관심이 생깁니다. 특히 꼬마빌딩이나 상가주택은 도심에 내 토지를 가질 수 있다는 큰 장점이 있기에 장기 보유할 자산으로 투자하려 합니다."

이를 위해 그는 도시재생사업에 관심을 가지고 있다. 정부의 부동산 정책이 성공하기 위해서는 수요자가 원하는 지역에 주택을 공급해야 하는데, 그런 점에서 수요자의 요구에 부합한다는 생각이다. 서울의 주요 도심은 교통과 교육시설, 편의시설 등 생활 인프라가 풍부하기에 노후 주택 개발이 활성화되면 투자자에게도 이익을 안겨주며 부동산 시장이 안정되는 효과도 가져오리라 본다.

승현 씨는 몇 년 전 서울 모처의 단독주택을 구입했다. 곧 상가주택으로 신축해서 상황에 따라 장기 보유하거나 매매차익을 실현할 생각이다. 그는 자신과 같은 투자를 꿈꾸는 밀레니얼 세대들에게 다음과 같은 말을 전한다.

"30대에는 내 집 마련과 투자를 동시에 고려하길 권합니다. 부동산 투자를 시작할 때 처음부터 수십억짜리 건물을 매입하는 경우는 거의 없습니다. (만약 그러셨다면, 이 책을 덮으셔도 됩니다.) 대부분 내 집 마련이 부동산 투자의 시작일 텐데, 종잣돈을 충분히 모은 후에 집을 사려 하면 시간이 오래 걸립니다. 종잣돈이 불어나는 속도보다 지가와 집값 상승 속도가 더 빠르기 때문입니다. 종잣돈을 마련하는 것도 필요하지만, 담보대출을 최대한 받고 부족한 자금은 신용대출을 이용해서라도 내 집 마련에 힘썼으면 합니다. 대출을 많이 받겠다고 생각하면 상승할 부동산을 연구하게 되고 찾아다니게 됩니다. 이것이 부동산 투자의 시작입니다. 그렇게 내 집이 생기면 그때부터는 다른 부동산이 보이면서 다음 단계의 투자로 나아갈 수 있을 것입니다."

대출 등을 통하여 무리하게 투자를 하라는 것이 아니다. 부동산 투자의 관점을 다르게 보라는 것이다. 여기에 덧붙여, '집'을 아파트나 빌라에만 한정 짓지 말라고 다시 한번 당부하고 싶다. 정답은 없다. 중요한 것은 관점의 다각화를 통해 다양한 가능성을 검토해야 한다는 점이다.

정은 씨는 신혼을 낡은 다가구 주택에서 시작했다. 당시 부부의 신혼집 자금은 자기자본 2억 원이 조금 넘는 수준이었다. 깔끔한 빌라나 외곽 지역의 아파트 전세도 고민했다고 한다. 그러다 남편과 상의 끝에 더 먼 장래를 내다보기로 하고 나름 큰 결심을 내렸다. 정은 씨 부부는 직장과 멀지 않으면서도 시세가 저렴한 서울 시내 노후 주택가의 다가구를 구입해서 전 층을 부분 수리하고 직접 인테리어했다. 그렇게 총 4세대를 임대하고 남은 한 층에는 직접 거주했는데, 깔끔한 인테리어 덕분에 주변 시세에 비해 좋은 임대 수익을 얻을 수 있었다. 이를 활용해 대출을 상환하는 한편, 부부의 월급은 착실히 모아 4년 만에 1억 3천만 원 정도의 종잣돈을 더 확보해서 수도권에 오피스텔까지 샀다.

최근에는 집값이 1.5배 이상 상승하고, 다

NOTE

남을 따라하는 식의 투자로는 진짜 부자가 될 수 없다. 족집게처럼 찍어주는 투자 강의를 조심하라고 하는 이유이기도 하다. 당신에게만 알려주는 비밀 정보 같은 건 없다. 그러한 정보에 선동당해 고점에서 매수하였다가 손해를 본 사람들이 무수히 많은 것이 그 증거다.

주택을 피하기 위해 구입한 오피스텔도 공실 없이 임대하며 시세도 소폭 올라 앞으로의 부동산 투자에 관한 행복한 고민에 빠져있다. 정은 씨의 집 근처에는 30~40년이 넘은 비슷비슷한 다세대 주택들이 밀집해 있는데, 바로 옆 건물주와의 건축협정을 통한 미니 재건축 또한 정은 씨가 요즘 고민 중인 선택지 중 하나다.

인트로에서 소개한 선희 씨와 더불어, 이들은 성공적으로 자신만의 투자 그림을 그려나가고 있는 30~40대 젊은 사업가들이다. 아직 큰 부자는 아니지만 초기 자본의 규모 그리고 젊은 나이를 생각하면 빠른 속도로 자산을 불려나가고 있다. 10년, 20년 후면 따라잡을 수 없는 부자가 되어있을지도 모를 일이다.

이런 이야기를 하면 많은 사람들이 구체적인 지역과 방법을 궁금해한다. 그러나 필자는 그에 앞서 이들의 사고방식에 진정한 성공의 힌트가 있다고 생각한다. 지역이나 기법은 부차적인 요소일 뿐이다. 투자는 아무나 할 수 있지만 부자가 되려면 투자에 관한 사고 및 판단 기준을 정립하고 그에 따라 자신의 비전을 완성해나가는 것이 매우 중요하다.

물건을 보는 시각이 다르다:
흙 속의 진주를 찾아라

저금리·저성장 시대, 어디에 투자를 해야 할까? 주식, 부동산, 펀드, 채권, 금 등 정말 투자처는 많지만 선택은 쉽지 않다. 두려움, 즉 원금 손실이 발생할 수도 있다는 우려 때문이다. 선택이 어려운 또 다른 이유는 투자 대상의 가치를 명확하게 파악하지 못해서다.

　필자의 주위에는 주식 투자로 성공한 사람들이 여럿 있다. 이들은 부동산에 투자하지 않는다. 동일 기간에 동일 금액으로 수익이 났다고 가정할 경우 주식의 수익률이 높고, 환금성 면에서도 주식이 월등하기 때문이다. 이처럼 투자 자산으로서 주식과 부동산의 본질이 완전히 다르다 보니, 주식에는 전문가인 친구가 부동산 시장에 대해서는 깜깜이인 경우도 많다. 반대로 필자는 주식에 절대 투자하지 못한다. 개별 종목들의 가치를 잘 모르기 때문이다. 주식을 발행한 영업법인의 실적에 따라 주가가 등락하며, 국내는 물론이고 전 세계적 사

월급쟁이 부자를 꿈꾸는 이들에게 당부하고 싶은 말

자본주의 사회에서는 누구나 부자가 되는 꿈을 꾼다. 서점에 가보면 '월급쟁이 부자', '제2의 월급' 등의 키워드를 단 책들이 즐비하다. 어떻게든 종잣돈을 만들어서 본인들의 성향에 맞게 간접투자(펀드) 등 또는 직접투자(주식, 부동산)하는 직장인들, 그들의 목표는 경제적인 독립을 이루고 나아가 부자가 되는 것이다. 투자의 방식은 투자자의 성향에 의해 결정된다. 공격적 투자를 지향하는 사람이 있고, 반대로 보수적 투자를 지향하는 사람이 있으며, 이 두 가지를 혼용하는 사람도 있다.

그렇다면 투자는 왜 하는가!? 물론 수익률이 중요하지만, 그것을 제1의 목표로 놓는 바람에 오히려 악수(惡手)를 놓게 되는 경우가 있어 주의가 필요하다. 손해 보는 투자를 하라는 말이 아니라, 한 가지 꼭 당부하고 싶은 바가 있어서 하는 이야기이다. 투자의 제1목표는 방어이며, 안정 지향적으로 성과 목표를 달성하는 데 있다. 자신의 종잣돈, 즉 자본금을 지키는 것을 최우선 목표로 삼아야 한다.

회·경제적 이슈에 빠르게 영향을 받는 데 대한 불안감도 주식 투자를 못하는 이유다.

결국 투자도 아는 만큼, 공부한 만큼 하는 것이다.

기준을 제대로 잡아야 대박 물건을 찾을 수 있다

'저렴하게 사서 비싸게 판다.' 이 말을 실현하려면 먼저 비싸게 팔릴 만한 가치가 내재된 물건, 즉 저평가된 물건을 발굴해야 한다. 중요한 것은 평가기준이다. 이 기준을 정립해야 흙 속에 묻혀있는 물건을 보았을 때 그것이 진주인지 돌멩이인지를 판단할 수 있다. 이 기준은 각자 생각하는 바와 투자 방향, 추구하는 목표에 따라 다르므로 누구도 가르쳐주지 못하며 누구에서도 배울수 없다. 하지만 가장 기본이 되는 능력은 있으니, 바로 지역분석력이다. 지역의 특징을 빠르게, 제대로 파악할 수만 있어도 흙 속의 진주를 찾을 확률이 높아진다. 지역분석과 관련해서는 5장에서 자세히 다룰 예정이다.

그러기 위해서는 관심 가는 지역 혹은 자신이 생활하는 지역의 상가나 주택에 관하여 분석하고 판단하는 연습을 자주 해봐야 한다. 부동산을 많이 보고, 평소 훈련해야 한다. 일례로 주위에 눈을 뜨고 살펴보면 임차인이 자주 바뀌는 상가가 있을 것이다. 필자의 역삼동 사무실에서 멀지 않은 곳도 1년 사이에 세 번 업종이 바뀌었다. 처음에는 작은 카페였다가 일본식 도시락 집으로, 지금은 핫도그와 꽈배기 체인점으로 바뀌었다. 공통점은 테이크아웃을 전문으로 한다는 것이다. 상권의 위치는 대로변 사거리 횡단보도 바로 앞인데, 과연 그러한 업종들이 강남의 임대료를 감당할 수 있을지는 지켜볼 일이다.

지역에 대한 분석이 완료되면 임대인 입장이 아닌 임차인 입장에서 생각해봐야 한다. '내가 임차인이라면 과연 임대료를 지급하고 사업을 할 것인가?' 이에 대한 답을 찾기 위해서는 임대 가능한 업종을 찾아보고, 가능한 업종에 대해 법률적 제한 사항이 없는지도 알아봐야 한다. '그런 부분이야 임차인들이 알아서 하겠지'라는 안일한 생각은 버려야 한다. 임차인 수요에 대한 판단이 완료되어야 해당 부동산의 수익성을 판단할 수 있기 때문이다. 수익성 판단에는 장기적인 안목이 필요하며, 그것은 스스로 개발해야만 한다.

지인 한 분이 약 4년 전쯤, 경기도 모처에 있는 상가를 사겠다며 연락해왔다. 매매 가격과 기타 여러 가지 조건을 이야기하면서 어떻겠느냐고 물었다.

"하지 말라고 해도 하실 거죠? 아니면 계약을 하셨거나…"

이렇게 답하며 "안 사시는 것이 좋겠습니다"라고 말했지만, 예상했듯 그분은 이미 계약을 한 상태였다. 아마도 긍정적인 대답을 듣고 싶은 마음에 필자에게 전화했던 것이리라. 그러나 아무리 봐도 가격이 상승할 여력이 없는 물건이었다. 그렇게 시간이 흘러 3년이 지났다. 또 다른 일로 그 분과 통화할 일이 생겨 예전에 매입한 상가에 대해 물어봤더니, 아니나 다를까 가격이 떨어졌다는 답이 돌아왔다. 필자에게 앞날을 예견하는 능력이라도 있었던 것일까? 아니다. 그 분과는 다른 판단 기준을 가지고 있었기 때문이다. 가격이 상승하려면 여러 가지 이슈가 있어야 하는데, 그 지역은 향후 10년 이상은 없을 것으로 전망되었다.

필자와 그 지인이 정반대의 판단을 내린 것은 관점의 차이 때문이었다. 필자는 지역분석에 기반하여 본 데 반해, 지인은 해당 상가에 유명 프랜차이즈가 임차해 있으며 앞으로도 공실이 될 리 없다는 지역 부동산 사무소의 말에 주목했다. 그로 인해 판단하는 기준이 달라졌고, 가치 평가도 달랐던 것이다. 이런 문제로 수익률 예상에 있어서도 오류가 나곤 한다.

판단 기준을 잘 잡는 것이 왜 중요한지 보여주는 사례이다. 매우 중요한 부분이지만 어렵지는 않다. 가장 좋은 방법은 관심 지역을 선정, 찾아다니며 많이 보는 것이다. 그보다 좋은 훈련은 없다.

얼마 전, 앞서 소개한 승현 씨에게서 전화가 왔다. 경매로 상가에 입찰할 계획이라며 공간 분할 후 운영에 관해 조언을 구한다고 했다. 금융업에 종사하는 그는 바쁜 와중에도 항상 부동산에 대해 공부하고, 발품을 판다. 대화를 이어가던 중 필자가 진행 중인 소형 빌딩 이야기를 듣고 직접 몇 군데 현장을 보고 왔다며, 자신이 소유한 단독주택도 멸실철거하고 신축할 계획이라고 하는 것이었다. 이건 또 무슨 이야기인가 싶어 물어보니, 가격이 상승하기 전에 단독주택을 미리 사뒀다는 것이었다. 매수 시점은 지금으로부터 3~4년 전으로, 그동안 가격이 2배 이상 상승한 곳이었다. 신축을 한다면 투자 대비 수익률은 엄청날 것이다.

"아니, 어떻게 그런 좋은 사업지를 찾으셨어요?"라는 필자의 질문에 "여러 집들을 봤는데, 매입 전에 설계를 해보고 가장 좋은 사업지로 판단했어요"라는 답이 돌아왔다. 그 말을 듣자 '역시!'라는 감탄이 나왔다.

이런 분들은 본인의 투자 관점이 뚜렷하다. 그리고 기본적인 지식을 바탕으로 부동산에 대한 지역분석과 목표수익률, 운영계획, 매각계획까지 사전에 검토하는 특징이 있다. 눈에 보이는 것이 전부가 아니다. 어떤 물건이든 파고 들어가다 보면 문제점이 발견되는데, 이것을 보완할 방안만 찾는다면 투자수익을 극대화할 수 있다. 반대로 문제점을 보완할 수 없다면 계획을 다시 검토해야 한다. 이런 작업을 부지런히 반복하다 보면 흙 속의 진주를 찾을 수 있을 것이다.

남이 찍어주는 곳이 아닌,
스스로 발굴해야 진짜 부자가 될 수 있다

필자는 현재 신규 프로젝트를 진행 중에 있다. 강남역 도보 5분 거리에 토지 면적 50평 내외 아주 작은 소형 빌딩을 신축 중이다. 현재 기존 주택단독주택을 철거 후 공사가 진행 중이며, 책이 출간된 이후 준공할 것으로 예상한다. 이 현장을 기획한 시점은 작년 10월로, 처음 기획설계 도면을 확인하고는 포기하려 했었다. 이유는 사업성을 검토한 결과 두 가지 위험요소가 포착됐기 때문이다.

우선은 사업 완료 후 예정 수익률에 비해 토지비가 과하게 책정되어 있었다. 다른 하나는 3종 일반주거지역으로 2종 일반주거지역보다 건폐율이 낮다는 것이었다. 대지면적이 작은 토지198.35㎡, 구 60평 이하의 경우, 대부분 3종 일반주거지역보다 2종 일반주거지역이 유리하다. 바닥 면적을 10% 더 사용할 수 있기 때문이다.

NOTE_
건폐율이란, 대지 면적에 대한 건물의 바닥 면적의 비율을 가리키는 말이다. 가령, 100평의 대지에 건폐율이 50%이면 건축 가능한 건물의 바닥 면적은 50평이다.

토지가격 대비 목표가격이 나오지 않았고 엘리베이터를 설치하면 건물의 평면구성이 이상해져서 고민을 많이 했다. 지역적 위치는 너무 좋았으나 그 외에는 충족하는 조건이 하나도 없었다. 계륵이었다. 계약 전 수많은 검토 끝에 토지주에게 마지막 가격 제안을 하고, 실시계획 도면을 검토하기 시작하였다. 이후 제안한 가격으로 계약하고 공사가 잘 진행되고 있다.

이처럼 흙 속의 진주라 할 사업지 하나를 찾기 위해 검토에만 3~4개월이 소요되기도 한다. 불확실성을 담보로 계약할 수는 없기 때문이다.

월급쟁이 투자자들을 위한 안목을 기르는 공부법

필자도 처음부터 부동산을 판단하는 기준을 가지고 있었던 것은 아니다. 필자가 부동산을 처음 접한 것은 2001년 11월 인천 석바위에 위치한 인천지방법원 경매 법정이었다. 아무 지식도 없이 부동산 경매를 시작했고, 물건을 보러 하루에 최소 10곳 이상을 다녔다. 그렇게 1년이 흐르자 경매에 나온 물건의 주소만 봐도 입찰 가능한 곳과 불가한 곳 등을 분별할 수 있게 되었고, 자연스럽게 매매가격과 임대가격을 습득할 수 있었다. 당시에는 지금처럼 인터넷을 활용할 방법이 없었다. 정말이지 발로 뛰고 몸으로 부딪히며 배웠던 시절이다.

직장을 다니는 독자들은 필자 혹은 부동산 전업 투자자처럼 할 수는 없을 것이다. 하지만 좋은 방법이 있다.

생활하는 직장 주변, 거주지 주변부터 관심을 가지면 된다. 지금 살고 있는 곳부터 살펴보라. 그리고 주변에 학교는 어디에 있는지, 무슨 학교가 있는지, 학원은 어디에 집중되어 있는지, 편의시설은 무엇인지, 상업지역은 어디가 발달되어있는지, 교통망의 구성은 어떻게 되어있는지, 입주한 기업체는 무엇이

있는지 등 여러 기준을 잡고 나만의 지도를 만들어본다.

동시에 매매가격을 알아봐야 한다. 아파트, 단독, 다가구는 국토교통부 실거래가격과 KB부동산리브온의 가격, 네이버 부동산 매물 가격을 모두 확인한 후 비교해봐야 한다. 이걸 다 봐야 하느냐고? 물론이다. 각 사이트별 부동산 가격은 시장에서 일어난 시점을 바탕으로 공시된다. 즉, 실거래가격은 과거 가격이며, KB부동산과 네이버 부동산의 매물 가격은 현재 호가이다. 세 가지를 다 봐야 시장의 흐름을 알 수 있고, 그래야 가격을 판단할 수 있다.

이런 요소들을 하나하나 본인의 기준으로 만들어가야 한다. 기준을 정립하다 보면 궁금증이 생길 것이고, 궁금증을 해소하기 위해 공부하게 될 것이다. 학문은 습득하면 되는 것이지만 부동산은 지식을 습득하고 연습해야 한다. 연습을 하지 않으면 이론으로만 기억되다 소멸되고 만다.

그러니 주말이면 가족들과 나들이 삼아 외곽의 핫한 명소들에 다녀오기를 권한다. 용인에 있는 알렉스 더 커피, 나인블럭 가평 등 기발한 방식으로 부동산의 가치를 높인 곳들이 제법 많다. 부동산에 관심이 있다면 한 번은 방문해보기를 추천한다.

흙 속의 진주는 누가 알려주지 않는다는 것을 명심하자. 본인들이 직접 찾아야 하며, 그 속에 있는 핵심 가치를 극대화시키는 데 목표가 있다.

수익률에 대한 사고가 다르다:
자본을 끌어당기는 수익 모델 만들기

'왜Why 부동산 투자를 하는가? 어떻게How 투자할 것인가? 무엇에What 투자할 것인가?' 이와 같은 본질적인 질문부터 생각해보자. 이 모든 질문은 수익률과 연관지어진다. 투자를 이야기할 때 수익률에 대한 이야기를 많이 하지만, 수익률의 구체적인 구조에 대해 말하는 사람은 드물다. 그렇다면 우리가 생각하는 수익률이란 무엇일까?

대다수의 부동산 투자자들은 차익형 수익률에만 익숙해져 있다. 오로지 차익만 바라보고 묻지 마 투자를 한다. 갭투자도 차익형 투자로 볼 수 있으며, 그런 까닭에 갭투자를 투기로 정의하는 사람들도 있다. 투자를 하고 있는 것인지, 투기를 하고 있는 것인지는 투자자 본인만이 알 것이다. 다만 필자가 당부하고 싶은 지점은 지금까지 가지고 있었던 수익률에 대한 사고를 다음과 같이 전환해보라는 것이다.

일단 수익률의 구조에 대해서 생각해보자. 수익률은 임대수익 income gain과 가격 상승에 따른 매각차익 caital gain이 합쳐진 것이다. 한국감정원의 '상업용 부동산 임대동향 조사'의 투자수익률 통계 산출 항목을 보면, 투자수익률에 대한 개념을 다음과 같이 설명하고 있다.

투자수익률

당해 분기 간 투하된 자본에 대한 전체 수익률로서 임대료 등
빌딩 운영에 따른 소득수익률과 부동산 가격 증감에 의한 자본수익률을 합산한 것

소득수익률

당해 분기 간 발생한 순영업소득을 기초 자산가치(당해 분기초)로 나눈 것으로
지역별 소득수익률은 지역 내 빌딩의 소득수익률을 구한 후
연면적을 가중치로 사용하여 산출

자본수익률

당해 분기 간 부동산 자산가치의 증감으로 인한 수익률로
토지 가격의 증감과 건물 가격의 증감을 고려하여 기초 자산가치(당해 분기초)로
나눈 것, 지역별 자본수익률은 지역 내 빌딩의 자본수익률을 구한 후
연면적을 가중치로 사용하여 산출

내용이 너무 어렵지만, 다행히도 이걸 다 알아야 할 필요는 없다. 중요한 것

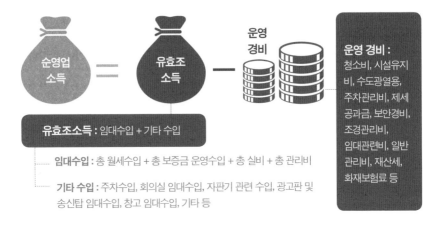

순영업소득을 산출하는 법

유효조소득 : 임대수입 + 기타 수입

임대수입 : 총 월세수입 + 총 보증금 운영수입 + 총 실비 + 총 관리비

기타 수입 : 주차수입, 회의실 임대수입, 자판기 관련 수입, 광고판 및 송신탑 임대수입, 창고 임대수입, 기타 등

운영 경비 : 청소비, 시설유지비, 수도광열용, 주차관리비, 제세공과금, 보안경비, 조경관리비, 임대관련비, 일반관리비, 재산세, 화재보험료 등

은 소득수익률 중 순영업소득을 산출하는 것이다.

순영업소득 = 유효조소득 − 운영경비 = (임대수입 + 기타수입) − 운영경비

단순하게 표현하자면, 총수입에서 총비용을 공제하면 순영업소득이 나온다. 그리고 순영업소득에 소득세율종합소득세 또는 법인세을 공제하면 순임대수익이 산출된다.

한편, 자본수익은 매각 후에 발생하는 것으로 투자계획을 수립할 때 사전 검토가 필요하다.

20대 후반쯤의 일이다. 지인의 부탁을 받고 작은 평수의 아파트를 낙찰받았다. 실거주 목적으로 구매했지만, 거주 1년 만에 지방 발령을 받아 임대를 하게

되었다. 필자는 월세를 추천했다. 월세를 놓으면 대출이자 비용을 차감하고도 수익이 발생하기 때문이다. 그러나 지인은 대출금이 있는 것이 부담된다고 하면서 대출 상환 조건으로 전세 계약을 했다. 그로 인해 대출 상환 시 중도상환 수수료를 지급하게 되었고, 월세에 대한 차익이 사라져 결론적으로는 순영업 소득을 마이너스시킨 셈이 되었다. 전세계약일로부터 1년 6개월이 지난 시점에 지인은 그 집을 매각하기로 결정했다. 보유한 기간은 2년 6개월, 필자는 매각 결정을 만류했었다. 가격이 상승하는 시점이었고 무엇보다 당시에는 3년을 보유하면 1가구 1주택은 양도차익이 비과세였기 때문이다. 하지만 만류에도 불구하고 매각하여 투자금 대비 2배의 수익을 실현했다. 시간적 개념은 제외시킨 수익률이다. 이와 관련된 내용은 아래 노트를 참고하라. 매각하는 시점이 6개월 후였다면, 즉 보유 기간 3년 이후 매각했다면 투자 대비하여 3.5배의 수익을 실현했을 것이다. 부동산 시장의 흐름과 투자수익에 대한 개념적 사고가 정립이 되었다면 실제로 수익은 더 발생했을 것이다.

  부동산 투자는 사업이라는 개념적 사고를 가지고 접근해야 한다. 즉, 투자적 가치가 있는지 판단하는 기준을 정립해야 하는 것이다. 우리가 알고 있는 통념에서 벗어나, 제대로 된 사업성 판단을 위해서는 가치분석에 필요한 개념을 정리해야 한다. 다소 생소하고 어려울 수 있으나 부동산

NOTE

경제학에서 이야기하는 '화폐의 시간 가치'라는 것이 있다. 시간이 흐르면 화폐의 가치는 떨어진다. 이는 과거와 현재의 자장면 가격만 비교해봐도 알 수 있다. 아니면 최근 몇 년간 점심 식사 비용이 상승한 것을 떠올려보라. 화폐의 시간 가치를 바로 체감할 수 있을 것이다. 이것은 물가상승과는 다른 개념임을 밝혀둔다.

학에서 등장하는 이론들을 공부할 필요가 있다.

부동산학 개론은 경제학을 바탕으로 하고 있으며, 경제학 이론을 부동산에 적용시킨 것이다. 당연히 잘 이해되지 않는 부분이 많을 것이다. 누구나 처음이 있으며 시작이 힘든 법이다. 그 과정을 넘어서야 한다. 적어도 부동산 투자에 있어서는, 사업성 판단은 기업들만 하는 것이라고 생각해서는 안 된다. 사업 규모만 다를 뿐 진행 과정은 같으며 그렇기 때문에 어려운 것이다. 사업성판단은 부동산 가치평가의 연장선상에 있다. 사업성을 판단하고 제대로 검토한 후 투자하지 않으면 귀중한 자산에 손해가 발생해도 할 말이 없다. 그 점을꼭 명심하기 바란다.

기대수익률과 목표수익률을 설정하는 법

어떤 물건을 사용하거나 무엇에 투자할 때의 기대치라는 것이 있다. 투자를 했다면 수익률일 것이고, 사용을 했다면 가성비일 것이다. 투자 부동산의 예상 가능한 수익률을 기대수익률 혹은 내부수익률이하 기대수익률이라고 한다. 이는 객관적으로 확인할 수 있는 것이다.

한편, 투자자의 주관적 입장에서 요구하는 수익률은 목표수익률이라고 한다. 요구수익률, 최소수익률, 필수수익률, 외부수익률 등 모두 같은 의미이다. 위험성이 높을수록 목표수익률은 상승한다.

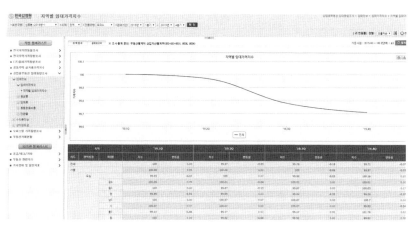

기대수익률 [객관적] 대상 부동산 투자로 발생 가능한 예상(사전)수익률로 내부수익률이라고도 함

목표수익률 [주관적(투자자 입장)] 대상 부동산 투자에 대한 위험이 주어졌을 때 투자자가 투자한 자본에 대해 요구하는 최소한의 수익률

부동산의 수익률은 용도와 지역 등 다양한 요인에 따라 달라지므로, 투자자 입장에서는 목표수익률을 어떻게 정해야 할지 고민되기 마련이다. 이를 위해서는 일단 투자하고자 하는 지역의 부동산 용도별 기대수익률, 즉 시장에 나와 있는 수익률에 관한 정보를 먼저 수집한다. 상업용 부동산의 경우 한국감정원 R-ONE부동산 통계뷰어에서 수익률 정보를 확인할 수 있다.

기대수익률을 확인했다면 이제 목표수익률을 산정할 차례다. 예를 들어 은행에 예적금을 들었다고 가정해보자. 목표수익률은 예적금보다 금리가 높아

한국감정원 R-ONE부동산 통계뷰어

야 하고, 원금 손실 위험성은 낮아야 한다. 은행에 넣어두면 금리는 낮지만, 원금 손실 위험성 또한 낮다. 2금융권의 예적금 금리가 1금융권보다 높은 이유는 원금 손실 위험률이 1금융권보다 높기 때문이다. 그렇다면 부동산의 목표수익률은 무엇을 기준으로 해야 할까?

필자의 경우 한국감정원 통계 자료와 시중금리, 국공채금리 등을 참고하며, 이와 더불어 시장의 흐름을 가장 중요한 요소로 판단하고 목표수익률을 정한다. 시장 흐름을 파악하는 좋은 방법은 부동산 마켓 리포트를 이용하는 것이다. 물론 투자 규모가 다르다 보니 개인 투자에 바로 적용할 수는 없으나, 부동산 시장의 동향을 파악하기에 좋다. 마켓 리포트의 장점은 오피스 빌딩에 대한 전문적인 정보가 수록되어 있다는 것으로, 시장의 흐름과 방향을 알 수 있다. 메이트플러스www.mateplus.net, 교보리얼코www.kyoborealco.com, 코람코 자산신탁www.koramco.co.kr 등이 제공한다.

목표수익률이 정해지면 운영계획과 매각목표 가격을 추정한다. 이를 근거로 사업성분석수익성검토을 통하여 사업계획을 수립하며, 그에 관한 사업타당성을 분석한다. 이 두 가지는 부동산 투자 전 반드시 선행되어야 한다는 걸 명심하자. 다음은 신축을 전제로 한 사업타당성 검토 예시 자료이다. 91페이지 참고. 사업타당성 검토는 사업계획을 점검하는 데 의미가 있다. 운영계획과 매각금액에 대한 적정성을 살펴보는 것이며, 보수적인 판단을 요한다.

사업계획 및 사업타당성을 검토하는 이유는 위험요소를 회피하기 위해서이다. 머릿속으로만 구상하는 것과 지출 예상 항목에 맞게 실제 숫자를 대입

사업타당성 검토의 예

1. 2019. 역삼동 중·소형 빌딩 금액대별 거래 분석
   - 2019년 역삼동 중·소형 빌딩은 95건.
   - 금액 대 구간별
     50억미만 28건, 50억이상~100억미만 25건, 100억이상~200억미만 24건,
     200억이상 18건 → 50억 미만~100억미만 구간이 55.7%
   - 95건 중 최근 3년이내 신축 된 중·소형 빌딩은 9건으로 구축 비중이 높음.
   - 본 사업지의 강남구는 개인 및 법인 투자 선호지역으로 사옥매입 및 투자 수익 목적으로 변함없는 지역임. (출처 : 국토교통부)

2. 강남구 소규모상가 건축물대장상의 주용도가 상가(제1, 2종 근린생활시설, 판매시설, 운동시설, 위락시설)이고 연면적 50% 이상이 임대되고 있으며 2층 이하이고 연면적 330㎡ 이하인 일반건축물

   - 2019년 강남구 소규모 상가 투자수익률 (단위 : %, 출처 : 국토교통부)

구분	강남대로	논현역	도산대로	서초	신사역	압구정	청담	테헤란로
1분기	2.11	1.75	1.08	2.01	1.7	1.62	1.88	1.75
2분기	2.14	1.48	1.63	1.72	1.97	1.9	2.07	1.88
3분기	2.38	1.82	1.84	2.11	2.21	2.15	1.94	1.68

3. 준공 후 렌트 롤 (단위: 천 원, VAT 제외)

구분	면적		보증금	임대료	관리비
	㎡	평			
1층	71.48	21.62	40,000	4,000	200
소계			150,000	14,200	1,000

   - 연임대 수입 : 182,400 + 2,700 = 185,100

4. 종합의견
   - 2019년을 돌아보면 정부의 부동산 시장에 대한 규제 강도가 높았고 앞으로 유지될 것으로 판단됨
   - 2018년 대비 2019년 상업용 부동산의 거래량과 규모는 크게 줄지 않았으며, 경기 침체로 투자 지역이 중요한 근거로 부각될 것이며 핵심 지역으로의 쏠림 현상이 어질 것으로 판단됨
   - 본 사업지의 목표 가격은 ○○억 원임

해보는 것 사이에는 엄청난 차이가 있다. 모든 투자는 불확실성을 가지고 있으며, 그 불확실성을 확실성으로 바꾸려면 위험성을 찾아내 방어해야 한다. 투자의 기본은 리스크 헷지Risk hedge, 즉 투자 위험에 대한 대비책방어책이란 점을 간과해서는 안 된다.

부동산 P2P 펀딩에 관심이 있는 독자라면 투자 상품에 대한 상세 설명 하단에 다음과 같이 안내해놓은 것을 본 적이 있을 것이다. "회사는 투자 상품과 관련하여 어떠한 경우에도 원금과 수익률을 확정적으로 보장하지 않으므로 손실 위험을 반드시 인지하고 투자하여야 합니다."

모든 투자에는 위험성이 존재한다. 1금융권이라도 예외는 아니며, 다만 다른 상품들에 비해서 위험률이 현저히 낮을 뿐이다. 그런데 많은 사람들이 '안전한 투자'에 대한 착각에 빠져 위험성을 보지 못하고, 투자의 함정에 빠지곤 한다. 대표적인 예가 아파트이다. 한국인들은 아파트 가격에 대해 다음과 같은 선행학습이 되어 있다. 아파트는 다른 투자처에 비해 위험률이 낮으므로 안심하고 투자할 수 있다는 것이며, 또 하나는 시간 경과에 따라 가격이 오른다는 것이다. 이런 확신은 투자의 위험성을 높이는 아주 중요한 요소로 작용한다. 어떤 투자, 어떤 사업을 하든 실행 전 철저한 준비가 필요하다.

계획이 철저해야 자금을 확보할 수 있다

부동산을 매입할 때 금융 레버지리차입금 등 타인 자본을 지렛대처럼 이용하여 자기자본 이익률을 높이는 것는 절대적으로 필요하다. 금융기관으로부터 사업자금부동산 구입비용+건축비용을 차입대출받기 위해서는 사업에 대한 전반적인 사업계획과 자금의 지출용도, 사업 후의 예상수익 등이 포함된 자료를 제출해야 한다. 이를 일반적으로 사업계획서라고 한다.

금융기관에서는 사업시행자사업자가 작성한 사업성검토 자료를 바탕으로 감정평가기관 또는 회계법인에 사업이 타당한지에 대한 검토를 의뢰한다. 사업계획서는 사업시행자의 주관적인 입장에서 작성된 것이기 때문에 그것을 객관적으로 재검증하는 것이다.

이처럼 사업계획서가 가지는 의미는 크게 두 가지이다. 첫 번째는 사업시행자가 의사결정을 할 수 있도록 해주고, 두 번째는 사업비를 확보할 수 있는 중요한 자료로 쓰인다.

사업계획서를 작성할 때는 최대한 보수적인 관점에서 작성해야 한다. 방어적으로 보더라도 사업이 종료된 시점에 예상수익이 나온다면 그 사업은 실패할 확률이 낮다는 것이다.

디테일한 발상이 다르다:
성공의 1인치는 사소한 곳에 숨어 있다

'작은 차이가 큰 차이를 만든다'는 격언을 인용하여 '작은 차이가 명품을 만듭니다'라는 유명한 광고를 만든 가전제품 회사가 있다. 이 카피는 단순히 자극적인 카피가 아니다. 자신들의 철학을 담은 기업 이미지를 만들려 한 것이다. 그렇다면 명품을 만드는 그 작은 차이는 어디서부터 되는가? 이번 장에서는 부동산 사업에서의 명품을 만드는 디테일에 대해 이야기하겠다.

실생활에서 주로 쓰이는 단위는 미터나 센티미터이다. 하지만 가구업체에서는 밀리미터mm를 기본 단위로 사용한다. 그만큼 정교하게 만들어야 하며, 오차 범위 또한 세밀해야 한다. 그런데 건축에서도 마찬가지로 밀리미터 단위를 사용한다. 필자의 파트너사 이름도 '9mm 건축사 사무소'이다. "1cm보다 작은 디테일까지도 정성을 담아 최고 수준으로 만들겠다"는 철학에서 지은 이름이라고 한다.

부동산에서도 디자인의 디테일이 경쟁력이다

근래에 '데시앙, 디자인 회사가 되다'라는 카피를 광고에서 보았을 것이다. 데시앙은 T건설사의 아파트 브랜드이다. 이것을 마치 디자인 회사와 같은 이미지로 연결시킨 것이다. 집 안에 들어가는 가전은 또 어떠한가. 더 이상 천편일률적인 백색 가전이 아니다. 냉장고 문마다 다른 감각적인 색상을 배치하기도 하고, 마치 고급 가구 같아 보이는 가전제품을 선보이기도 한다.

이제 디자인적 가치는 특별하거나 사치스러운 것이 아니라, 일상 속에서 소구하는 당연한 것이 되었다. 부동산도 마찬가지다. 기획 단계부터 가지고 싶은 디자인으로 설계해야 한다. 기획설계 시 가장 고려하는 것이 디자인이며, 실용적인 평면 구성이다. 토지의 형태와 입지 조건이 신축에 다소 불리하더라도 설계에 노력을 기울이면 단점을 보완하고, 나아가 경쟁력을 확보할 수 있다. 이것이 숨은 1인치의 디테일인 것이다.

이것을 바탕으로 건축물의 골조뼈대가 완성되면 여기에 맞는 옷을 입혀줘야 하는데, 이 옷이 바로 외부·외벽 마감재이다. 필자는 기획설계 단계부터 건축물의 완성 단계까지 세밀한 디테일에 시간과 비용을 들인다. 어떤 마감재를 선택하고 어떻게 시공하느냐에 따라서 건물의 가치가 달라진다. 디테일의 차이가 가격의 차이를 만드는 것이다.

외부·외벽 마감재는 건물의 생명과도 같다. 사람들이 자신에게 맞는 퍼스널 컬러로 이미지 변신이 가능하듯, 건축물도 그렇다. 건축물에 맞는 퍼스널컬러를 찾는 것이 매우 중요하다. 맞지 않는 마감재를 사용하면 건축물은 못생겨진다. 반면, 누가 봐도 감탄하는 잘생긴 건축물은 그 크기에 상관없이 동네의 랜드마크가 된다. 사람들이 모여들고, 서로 임차하길 원하는 건물이 된다. 갖고 싶다는 충동이 들게 해야 상품의 가치가 높아지는 것이다.

사업의 디테일이 있어야 보물을 발견할 수 있다

수도권, 그리고 특히 서울로 인구가 몰리고 있다. 지방 도시에 비해 일자리와 지역 여건이 좋은 것이 가장 큰 이유일 것이다. 또 다른 이유는 1~2인 가구가 늘어나는 추세 때문이다. 이들은 기본적인 생활 인프라 외에도 직장과 주거의 근접성을 매우 중시한다. 1~2인 가구의 증가세는 앞으로도 지속될 전망이라 인구 쏠림 현상은 더욱 심화될 것이다. 그러나 서울 시내에는 개발할 수 있는 곳이 그리 많지 않다. 대규모 개발을 한다면 개발제한구역을 해제할 수밖에 없을 것이다. 결국 기존 지역을 재개발, 재건축하거나 도시재생을 통하여 변화시키는 방법밖에 없다. 필자가 몇 년 전부터 협소주택에 관심을 갖게 된 이유이다.

필자는 10년 이상 소형 수익형 부동산의 기획 및 건축부터 매각까지, 직접 핸들링해온 기획 건축 분야의 현장 전문가이다. 서울시 강남, 중구, 관악 등에서 토지면적 165.29㎡구 50평 이하의 부동산을 매입하여 상업용 시설근린생활시설, 주거용 시설단독, 다가구 등 등으로 개발해 성공적으로 매각또는 건축 중인 현장으로 매각 진행 중했으며, 기존 주택의 용도 변경 및 상품 개발, 메이크업 자문으로도 활발히 활동 중이다. 도심 속에는 크고 작은 토지가 많이 있다. 우리가 관심 있게 보지 않아서 피부에 와 닿지 않을 뿐이다. 하지만 토지라고 해서 다 같은 종류가 아니다. 크고 작은 토지 중에도 개발할 수 있는 것이 있고, 할 수 없는 것이 있다. 이것을 분별하는 훈련부터 시작해야 한다.

필자는 신규 사업지를 검토하던 중 여러 법적 제한으로 설계가 원만하게 되지 않은 경험이 있다. 사업지 모형이 부정형일정하지 않은 모양인 것도 부정적 요인으로 크게 작용하였다. 설계가 잘 나오는 토지에서는 누구나 사업을 할 수 있다. 이 말인즉슨, 거꾸로 하면 설계가 잘 나오는 사업지가 드물다는 뜻이다. 토지가 가지는 부정적 요소를 장점으로 바꾸는 설계로써 가치를 극대화할 수 있어야 한다. 그 같은 작업은 건축사의 경험과 디테일, 감성에 따라 좌우된다. 같은 사업지라도 건축사마다 다른 설계가 나온다.

단편적인 예로, 과거 사업지 한 곳은 기획 및 설계안만 6개월 이상 검토한 적도 있다. 결국은 사업성이 나오지 않아 포기했다. 검토자료사업성분석를 바탕으로 사업타당성을 검토한 결과, 사업 진행 시 수익성이 낮은 것으로 판단되었기 때문이다. 이처럼 사업목적으로 검토했던 필자와 달리, 실거주 목적이면서 임대수익을 찾는 분들에게는 적합한 곳이었다. 이 같은 차이를 이해하기 위해서는 제품원가의 구성에 대해 알아야 한다. 생필품에는 생산원가, 기업이윤, 부가가치세가 포함되어 있다. 건축물의 원가 구성도 동일하다. '토지비＋공사비＋기업이익'이 곧 매가가격이 되는 것이다. 이런 원가 개념을 항상 머릿속에 담고 있어야 한다. 어떤 일을 하든지 원가부터 파악해야 하는 것이다. 이것이 바로 사업의 디테일이다.

디테일은 각 공정마다 적용해야 한다. 나를 위해서 일해주는 사람은 없다.

모든 것은 사업주체가 찾아내서 보완하고 진행해야 한다. 그렇기 때문에 모든 사업이 어려운 것이다. 부동산 임대업과 매매업도 사업임을 명심해야 한다.

강조하고 싶은 것은 기획력이다. 앞으로 아무도 보지 않고 찾지 않는 99.17㎡^{구 30평} 미만의 토지에 관심을 가져야 한다. 비단 서울, 수도권만의 이야기가 아니다. 각 지역별로 핵심 지역이 있다. 주간활동인구가 많은 곳을 주목하자. 주간에 활동하는 인구가 많다는 것은 그만큼 상권이 안정화되어 있다는 이야기이다. 이런 지역은 당연히 가격이 다른 곳에 비해 높을 테지만, 시세를 감안하고 상대적으로 저평가되거나 저렴한 곳을 찾아보는 것이다.

트렌드를 보면 성공의 1인치가 보인다

남들이 생각하지 못한 것을 찾아야 한다. 보기 좋은 것은 누구나 찾을 수 있다. 지금의 모습이 아니라 새롭게 변화할 모습을 머릿속에서 상상하고 기획해야 한다. 매년 초 새해의 소비 트렌드를 예측하는 ≪트렌드코리아≫ 중 2019년도의 키워드들을 살펴보자.

Play the Concept : 콘셉트를 연출하라

Rebirth of Space : 공간의 재탄생, 카멜레존

Emerging 'Millennial Family' : 밀레니얼 가족

As Being Myself : 그곳만이 내 세상, 나나랜드

이 내용을 부동산과 연계해서 생각하면 디테일을 찾을 수 있을 것이다. 살다 보면 무심코 지나치는 것들이 많다. 적어도 부동산과 관련해서는 관심의 촉을 세우고 유심히 살펴보는 습관을 들이자. 본인이 살고 있는 곳부터 한 번 둘러볼 필요가 있다. 대단지 아파트에 거주하는 사람도 있을 것이고, 주택가나 준공업지역에 거주하는 사람도 있을 것이다. 주변을 둘러보고 무엇을 느꼈는가? 그냥 살기 좋다 나쁘다가 아니라 보다 세밀하게 생각해보자. 아파트에 살고 있다면 거주하는 단지의 강점내부요인, 약점내부요인, 기회외부요인, 위협외부요인 등을 나열해보자. 이른바 SWOT Strength, Weakness, Opportunity , Threat 분석이다. SWOT 분석과 관련해 실무에 도움이 되지 않는다는 평도 있다. 이것을 하는 가장 큰 이유는 본인의 숨겨져 있는 디테일을 찾기 위해서이다. 머릿속에 복잡하게 나열되어 있는 정보를 논리에 맞게 써보는 것이다. 이 훈련을 하다 보면 지역을 분석하는 데 도움이 된다. 막연한 생각을 텍스트로 표현하는 과정에서 수정 보완할 부분과 그 대안을 찾게 되기 때문이다. 구체적으로 고민하는 능력이 생기는 것이다.

앞서 말한 ≪트렌드코리아 2019≫의 내용은 단지 사회 트렌드일 뿐 아니라 부동산 기획설계 시에도 매우 중요한 주제이다. 공간을 어떻게 꾸밀 것인가? 공간을 꾸민 후 임차인들의 선택을 받을 수 있을 것인가? 내가 임차인이라면 계약을 할 것인가? 성공하는 상품은 바로 이러한 질문에서부터 시작된다.

일례로, 부동산에서도 공유경제를 기반으로 하는 사업이 활성화되고 있으며 나날이 경쟁이 치열해지고 있다. 주거 문화의 대안으로 자리를 잡아가고 있는 셰어하우스, 업무 공간은 물론 업무 문화를 바꾸고 있는 코워킹 오피스, 청

1~2인 가구를 만족시키는 디테일에 성공 요소가 있다

≪트렌드 코리아 2019≫의 키워드 중 밀레니얼 가족, 그곳만이 내 세상, 나나랜드 등의 키워드는 모두 1~2인 가구와 관련되어 있다. 앞서도 말했듯 부동산 시장은 사회 현상과 밀접하게 연결되어 움직인다. 1~2인 가구가 소비 트렌드를 이끌어나가는 상황에서 부동산 투자자들 역시 그들의 특징을 알아야 한다.

필자는 직거래 사이트인 '피터팬의 좋은 방 구하기'에 자주 들어가 보곤 한다. 1~2인 가구들이 주로 거주하는 원룸과 투룸 형태의 집들이 주로 거래되는 곳이다. 이곳에서 직거래되는 규모를 확인하고 데이터를 수집하곤 한다. 서울권을 중심으로 임대가격은 고공행진을 하는 것 같다. 그런데 가만히 보면 동일 지역이라도 인기 있는 매물이 있는가 하면 3~4개월이 지나도록 거래되지 않는 매물도 있다. 이유는 단 하나이다. 고객의 니즈를 만족시키지 못했기 때문이다. 공실 기간이 오래 지속될수록 수익성은 떨어진다. 이 점을 간과해서는 안 된다. 항상 이용자의 눈높이에 맞춰서 생각하고, 디테일을 고민해야 할 것이다.

년들의 새로운 창업 플랫폼이 되고 있는 공유 주방 등은 공유경제라는 큰 틀 안에서 탄생한 부동산 사업 모델들이다. 고객들을 유치하기 위하여 공간을 재해석하고, 그들이 필요로 하는 콘셉트를 더한 것이다. 이 같은 공유 공간들은 기발한 아이디어와 디자인은 물론이고, 임차인사용자들에 대한 각종 서비스까지 제공하며 경쟁력 확보에 나서고 있다. 가격으로 경쟁하는 시대는 저물고, 이제는 나만의 한 끗이 성공 여부를 결정짓는 시대이다.

디테일은 특히 개인 투자자에게 더욱 중요한 요소이다. 셰어하우스의 경우,

이제는 점차 기업화되고 있다. 이외에 공유 공간은 물론이고, 도시재생에서도 개인과 기업의 경쟁이 과속화될 것이다. 이에 대비하여 개인은 기업을 넘어서는 그 무엇인가가 있어야 한다. 그 무엇은 바로 디테일이다. 숨겨진 1인치, 콘셉트와 공간의 재해석이 필요하며, 고객들의 니즈를 만족시켜줘야 살아남을 수 있다.

공간에 감성을 입혀라

가심비라는 말을 한 번쯤 들어보았을 것이다. '가성비＋심리＝만족감'에서 나온 용어로, 소비에 있어서 심리적 요인이 매우 중요한 요소가 되었음을 알 수 있다. 부동산도 마찬가지다. 그냥 공간만 있어서는 안 되며 공간에 심리적인 요소, 즉 감성이 들어가야 한다. 그러기 위해서는 주 고객층을 분석하여 그들이 좋아할 수 있는 공간으로 변화시키는 능력이 필요하다.

공간에 대한 감성적인 해석이라니, 다소 낯설게 느껴질 것이다. 그러나 현재 그리고 앞으로의 부동산 시장에서 반드시 필요한 능력이다. 이와 관련된 질문을 받을 때마다 필자가 추천하는 곳이 있다. 바로 이케아IKEA 매장이다. 전국에 네 곳이 있으므로, 한 번쯤 방문해보기를 권유한다. 매장까지 가기 어렵다면 온라인 디지털 쇼룸www.ikea.com/kr/ko/을 구경해보자.

이케아의 제품을 구매하라는 것이 아니다. 이케아의 강점은 쇼룸이다. 거실, 침실, 욕실 등 공간마다 다른 해석을 보여주므로, 공간적 해석력이 부족한 사람들은 이케아의 쇼룸을 보면 기초를 쌓는 데 도움이 될 것이다. 주거용 공간을 기준으로 하고 있으므로, 이것을 기초로 하여 상업용 공간으로 재해석하는 훈련도 필요하다. 처음부터 잘하는 사람은 없다. 본인이 필요로 하는 공간부터 직접 구상해보기 시작하여, 그 범위를 넓혀나가야 한다.

투자의 타이밍에 관하여 :
지금은 지금 타이밍에 맞는 투자가 있다

아파트 가격이 폭등한 지역 중에서도 특히 언론에서 이슈가 된 지역이 있다. 광주광역시 남구 봉선동이다. 아파트 가격이 비정상적으로 빠른 속도로 급등하여 여러 가지 이야기가 돌았다. 그중에 가장 설득력 있던 이야기는 수도권 지역에 투자자들이 몰려가 봉선동의 집을 사는 바람에 갑자기 값이 올랐다는 것이다. 그 '썰'은 과연 진실이었을까? 급등했던 시기에 매입자별 거주지를 확인해보니 지역 내에 거주 중인 사람들의 거래 비율이 월등히 높은 것으로 파악되었다. 이는 한국감정원 자료로 확인할 수 있다. 가격 움직임이 있었던 시기는 2016년 12월 말부터 2017년 말까지이며, 가격은 2018년 11월 정점을 찍었다. 그 이후 가격은 하락하여 현재는 7억 후반에서 8억 원 초반대를 유지하고 있다.

이 상황을 가지고 투자의 타이밍에 대하여 생각해보기로 하자. 광주광역시의 신규 아파트 공급량을 보면 2017년 1만 1천여 가구, 2018년 5,900여 가구, 2019년 1만 3,400여 가구가 분양되었거나 분양 예정으로 공급 과잉 논란이 일어나고 있다.

한편, 아파트를 구입할 유효수요는 정해져 있는데 반해 인구는 지속적으로 감소하는 추세이다. 통계청 자료를 보면 광주의 인구는 2017년 149만 5천여 명을 정점으로 상승세가 꺾이기 시작했고, 2033년에는 140만 명 대, 2044년이면 130만 명대마저 무너져 이후에는 120만 명 대로 줄어들 전망이라 한다.

그럼에도 가구 수가 늘어나고 있긴 하지만, 그에는 한계가 있다. 유효수요와 공급량에 주목해야 하며 객관적인 지표들로 미뤄보건대 광주 지역 내 지역별 양극화가 나타날 것이다.

타이밍은 기회에서 나오고 기회는 준비하는 사람에게 온다. 봉선동 집값이 폭등한 데는 이유가 있을 것이다. 당시 급등 이유를 분석하고 바로 투자한 사람은 상승의 기회를 잡았을 것이다. 반대로 하락한 데도 이유가 있다. 하락의 위험성을 분석했다면 적어도 손실을 면할 수 있었을 것이다. 양측 관점에서 다 생각할 필요가 있다.

하나의 사례로 봉선동을 들었지만 전국 지방 도시 어딘가에서 또 유사한 현상이 일어날 수 있다. 급등한 지역 또는 대표되는 지역의 유사점을 비교하여 분석해보자. 이런 것 또한 부동산 투자자로서 훈련이 될 것이다.

여러 개의 사물을 잇기 위해서 동일한 곳에 작은 구멍을 뚫은 후 실로 연결하여 당기면 하나의 연결점이 된다. 하나의 관점을 완성하기 위해서는 원인을 도출하고, 대안을 제시할 수 있어야 한다. 부동산을 바라보는 시각을 다각화하여 입체적으로 바라보는 시각을 키워야 할 것이다.

참고로, 부동산 시장이 수축기에 접어든 시기에는 보수적 판단이 필요하다. 흑자 부도라는 이야기를 들어 보았을 것이다. 일시적인 자금 부족으로 부도가 나는 것을 뜻한다. 이런 유동성 위기는 누구에게나 온다. 대책 없는 무리한 투자로 선의의 피해자가 발생할 수 있다는 사실을 꼭 명심해야 한다. 선의의 피해자는 주로 전세 세입자가 되는 경우가 많다. 계약 기간 만료로 이사 계획이 있는 세입자에게 전세금을 돌려주지 못하는 일이 종종 발생한다. 과거 전세시세보다 현재 전세시세가 떨어져서 세입자에게 돌려줄 전세금이 부족할 때 이런 일이 생긴다. 차액만큼 보유하고 있다면 문제가 되지 않지만 부족한 경우가 있기 때문이다. 그러므로 자금 흐름은 사전에 파악해야 하며, 이런 일이 발생하면 영영 기회를 잃게 될 수도 있으므로 주의를 요한다.

인생은 타이밍이다. 이 말은 단순히 운을 말하는 것이 아니라, 달리 보면 인생의 매 순간 그 상황에 맞는 태도를 취해야 한다는 뜻으로도 볼 수 있다. 《죽음의 수용소》를 지은 빅터 프랭클 박사는 절망적인 상황에서도 살아갈 목적을 찾고, 어떻게 상황을 극복할 것이며, 어떤 태도로 살 것인가를 생각했다. 지금 있는 곳에서 기회를 찾고, 삶의 깊은 의미를 찾아야 한다. 내 삶을 결정하는 것은 상황이 아니라 나의 선택이다. 나의 태도에 따라서 타이밍이 찾아올 것이다.

부동산 사업도 마찬가지다. 정부 정책에 관해, 너무 올라버린 시세에 관해, 도무지 오를 것 같지 않은 내 월급에 관해 한탄하는 분들이 많다. 그러나 항상 기회는 존재하며 지금의 타이밍에는 또한 그에 맞는 기회가 도사리고 있다. 도심이 슬럼화되어가는 와중에 대규모 철거 사업이 아닌 도시재생, 도심 보존의 방향으로 부동산 정책이 흘러가고 있는 것이 바로 현재의 타이밍이다.

이런 정책 흐름 속에 주목해야 할 곳들에서 적절한 투자처, 좋은 사업지를 찾아낸다면 당신도 타이밍이 주는 기회를 잡을 수 있을 것이다. 이어서 그와 관련된 정보들을 살펴보기로 하자.

셋째, 　　정부와 지자체가
　　　　　밀어주는
　　　　　지역을 찾아라

STEP 3 - 정보수집

앞으로의 부동산 투자,
가장 큰 힌트는 이미 나와 있다

대한민국을 비롯, 신흥시장과 기존 선진국을 막론하고 전 세계 주요 국가는 저성장 시대에 들어섰다. 그에 따라 대다수 국가에서 지속가능성과 삶의 질을 높이는 도시 활성화에 대한 관심이 높아졌으며, 그 노하우를 공유하는 추세이다. 우리나라의 경우 서울시가 추진해온 도시재생 모델을 기반으로 국가도시재생 기본 방향을 추진하고 도시재생 활성화 및 지원에 관한 특별법을 제정하였다.

오늘날 도시재생은 거스를 수 없는 세계적 흐름으로 자리 잡았다. 주요 대도시들은 도시재생을 통하여 경제 활성화를 모색하고 있다. 런던의 나인엘름 Nine Elms, 뉴욕의 미트패킹 디스트릭트 MeatPacking District 등은 산업지역으로써의 기능은 쇠퇴했으나 도시재생을 통하여 새로운 산업지역의 중심지로 탈바꿈했다. 이웃나라 일본의 오사카 나카자키쵸 中崎町 골목은 노후된 주거지와 상업 시설의 활성화를 통해 새로운 명소가 되었다. 우리나라 서울은 북촌마을, 청계천 일대, 난지도를 새로운 장소로 탈바꿈시킨 사례가 있다. 한옥의 재해석, 도심지 물길 탄생, 매립지의 두 얼굴 등 지역적 특성에 맞게 테마를 구성하여 변화를 시도했다.

향후 도심 개발의 큰 틀은 이미 나와 있다 : 도시재생에 주목해야 하는 이유

빈집과 낡은 건물에 주목해야 하는 이유에 대해서는 1장에서 말했다. 이번 장에서는 그런 집들 중에서도 보석을 발굴하기 위한 보다 구체적인 힌트들을 함께 찾아나가보자. 그러기 위해서는 우선 정부가 추진하는 도시재생의 큰 틀을 파악하고, 그다음 세부 내용을 촘촘히 살펴보아야 한다. 가장 기본이 되는 동시에 가장 중요한 힌트는 정부와 지자체가 발표한 도시계획에 이미 포함되어 있기 때문이다.

국가 도시재생 중점 시책을 보면 다음 네 가지의 방향성을 알 수 있다.

첫째, 신규 시가지를 개발하기보다는 기존 시가지를 재생하고 정주정착하여 자리 집고 사는 것 여건을 정비하는 것을 우선으로 한다. 이는 도시 정책의 방향성 전환을 의미하는 것이다.

둘째, 쇠퇴 지역의 도시재생 관련 사업에 관한 재정 지원을 확대한다.

정부의 보도자료에 주목할 정보가 포함되어 있다 : 두 가지 사례

노후저층 주거지를 쾌적한 주거환경으로 정비

- 자율주택정비사업과 관련, 사업비용 융자(최대 70%, 연이자 1.5%)
- 사업성 분석부터 이주까지 원스톱 서비스를 제공하는 통합지원센터를 설립(2018년 4월)
- 집주인 2명 이상이 모인 주민합의체 주도로 건축협정등을 통해 공동주택 신축

— 2018년 4월 18일

전국화 '서울형 도시재생', 대표모델 확대하고 민간참여 견인

- <2025 서울시 도시재생 전략계획 변경(안)> 도시재생위원회 심의 '수정가결'
- 용산전자상가, 영등포·경인로 등 14개 도시재생활성화 지역 추가 법정화해 총 27개로
- 서울 5대 권역별 통합 도시재생구상 제시, 정부와의 분권협력 명시 및 구체화
- 도시재생유형 다양화... 소규모 '거점확산형' 신설, 역세권청년주택 등과도 연계

— 2018년 6월 29일

셋째, 주택기금 등 금융을 도시재생사업에 지원하고, 규제를 완화다양한 금융기법 도입, 맞춤형 규제특례 및 국·공유지를 활용하는 등한다.

넷째, 협동조합, 마을기업 등을 도시재생의 주체로 육성하고 도시 마을 공동체를 강화한다.

기존의 낡은 아파트 재건축, 신규 아파트 구매 등을 강력하게 규제하는 것과는 정반대이다. 한마디로 정부의 지원을 받고 지자체가 밀어주는 부동산 사업이 바로 도시재생사업이며, 도시재생 뉴딜 로드맵의 후속 모델인 자율주택 정비사업인 것이다.

앞으로 뜰 지역, 어떻게 찾을 수 있을까?

성수동은 80% 이상이 준공업지역으로 이루어져 있다. 지리적 위치를 보면 강남업무지구GBD, 중심업무지구CBD로 접근하는 교통 요충지로서 사통팔달의 특색을 갖추고 있다. 또한 서울숲, 한강 등과 인접하여 자연환경이 주는 쾌적함을 느낄 수 있는 곳이기도 하다. 과거 60년간 동북권의 대표적인 준공업지역으로 주거 시설과 산업 시설이 혼재되어 도시 환경이 전반적으로 노후되어 있으며, 현재는 수제화 관련 영세한 사업장이 밀집되어 있다.

낡은 공장 건물이 즐비했던 이곳은 현재의 감성과 옛 공간이 더해져 독특한 문화가 형성되며 핫 플레이스로 떠올랐다. 성수동은 서울시 도시재생 시범사업지역으로 지정되어 현재와 과거가 공존하는 공간으로 탈바꿈하게 되었다. 발 빠른 사업가들은 이미 낡은 창고와 정비소들이 카페, 갤러리 등의 문화공간으로 본격적인 변신을 시작한 시점부터 성수동에서 기회를 찾았다. 성수동의 경우 이미 젠트리피케이션이 우려될 정도로 지역 상권이 급성장하며 변화를 겪고 있다. 아직도 서울 도심 곳곳에 이와 같이 기회가 남아있는 지역이 존재한다.

투자자라면 누구나 입지가 좋지만 건물이 낡아서 저렴한 상가주택 등을 구입, 리모델링 후 수익을 극대화하길 꿈꿀 것이다. 문제는 입지가 좋은 지역, 앞으로 변화발전 가능성이 풍부한 지역을 어떻게 미리 찾아 선점할 것인가이다. 사실 부동산에 투자하는 모든 사업가들의 가장 큰 고민이 바로 이 점일 것이다. 앞서도 말했지만 힌트는 이미 다 나와 있다.

NOTE _

이 책에서는 편의상 서울만을 대상으로 서술하겠다. 서울은 우리나라 도시재생의 원형을 만들어가고 있는 선도지역이면서, 장기적으로 도시재생이 주가 될 수밖에 없는 특성을 가지고 있다. 또한 우리 같은 부동산 사업가들에게는 가장 큰 기회의 땅이기도 하다.

서울시 외에도 부산, 충북, 광주, 울산, 포항, 순천, 경북, 경남, 전북, 전남, 대구, 강원 등 전국의 지자체들 거의 대부분이 도시재생 정책과 지원사업을 벌이고 있다.

가장 먼저 해야 할 일은 지방자치단체별 도시재생 구상도를 확인하는 일이다.

향후 도시 개발의 중심이 될 지역은?

서울시는 도시재생활성화 지역 37개소를 포함한 164개소에서 서울형 도시재생사업을 추진하고 있다. 2019년 6월 27일 기준. 이들 지역별 특색을 알고 옥석을 가리려면 도시재생사업의 사업 유형을 잘 파악해야 한다. 그래야 향후 재생사업의 방향성을 알 수 있다.

구분	도시경제기반형	근린재생형			
		중심시가지형	일반근린형	주거지지원형	우리 동네 살리기
서울형 도시 재생 유형	일자리거점 육성형	생활중심지 특화형	주거지재생형		
사업 규모	산업, 국가(지역) 경제	지역 특화 산업, 지역상권	주상 혼재, 골목상권	주거	소규모 주거
대상 지역	기반시설의 기능 고도화가 필요한 지역	지역 특화 산업, 관광, 문화예술 특화지역	골목상권과 주거지	저층 주거 밀집지역	소규모 저층 주거 밀집지역
기반시설 도입	중규모 이상	중규모	소규모	골목길 정비 + 주차장 등 기초 생활 인프라	주차장 등 기초 생활 인프라
권장 면적	50만㎡ 내외	20만㎡ 내외	10~15만㎡ 내외	5~10만㎡ 내외	5만㎡ 내외
파급 범위	서울시 전체	서울시 또는 권역 단위	자치구 또는 지역 단위		
선정 방법	서울시 차원의 공모 선정		자치구(주민) 공모 선정		

① 도시경제기반형

산업단지, 항만, 공항, 철도, 일반국도, 하천 등 국가의 핵심적인 기능을 담당하는 계획 시설을 정비, 개발하고 연계함으로써 도시의 새로운 기능을 부여하고 고용을 창출하는 것이 목표다. 서울시 및 수도권에 파급 효과를 미치는 철도 역세권, 공공기관 이전적지移轉蹟地 등 핵심 시설과 그 주변 지역을 대상으로 하며, 서울형 도시재생유형 중 '일자리거점 육성형'이 해당된다. 공공의 선투자를 통해 민관 합동으로 경제 거점을 조성하여 서울시 전체에 영향을 미칠 수 있는 사업을 중심으로 추진하므로 서울시 차원에서 도시재생활성화 지역을 선정한다.

해당 지역 영등포·경인로 일대와 서울역 일대, 장안평 일대, 창동·상계 일대, 흥릉 일대의 도시재생활성화 지역

② 근린재생형

근린재생형은 생활권 단위의 생활환경 개선, 기초 생활 인프라 확충, 공동체 활성화, 지역 산업경제 재활성화 등을 목표로 하며, 국토교통부 도시재생 뉴딜사업신청 가이드라인2018.4.24에 따라 중심시가지형과 일반근린형, 주거지 지원형, 우리 동네 살리기로 구분된다.

중심시가지형은 과거 산업·상업·역사·문화 기능 중심으로 성장을 견인하였으나, 현재 활력이 저하되어 재활성화가 필요한 지역을 대상으로 한다. 서울형 도시재생유형 중 '생활중심지특화형'이 해당된다. 이 같은 곳들은 서울시·자치구의 도시계획적 처방, 핵심 집객 시설의 확충 및 개선, 특화사업의 고도화 지원, 추진역량 강화 등 종합적으로 사업을 추진하므로 서울시 차원에서 도시재생활성화 지역을 선정한다.

해당 지역 4.19 사거리 일대, 독산동 우시장 일대, 마장동 일대, 세운상가 일대

도시재생활성화 지역, 안암동 캠퍼스타운, 용산전자상가 일대, 정동 일대, 창덕궁 앞 도성 한복판 도시재생활성화 지역, 청량리 종합시장 일대 등

일반근린형은 주거지와 골목상권이 혼재된 지역이 대상이다. 주민공동체 활성화와 골목상권 활력 증진을 목표로 주민공동체 거점 조성, 마을가게 운영, 보행 환경 개선 등을 지원하며, 서울형 도시재생유형 중 '주거지재생형'이 해당된다. 근린지역 주거환경의 질 향상, 주민공동체 활성화를 위한 주민참여 기반의 사업을 추진하므로 서울시 차원의 선정 또는 자치구^{주민} 공모를 통해 선정한다.

주거지지원형은 원활한 주택 개량을 위해 골목길 정비 등 소규모주택정비의 기반을 마련하고, 소규모주택정비사업 및 기초 생활 인프라 공급 등으로 주거지 전반의 여건을 개선하는 것이 목표다. 서울형 도시재생유형 중 주거지재생형이 해당된다.

우리 동네 살리기형은 생활권 내에 도로 등 기초 기반시설은 갖추고 있으나 인구 유출, 주거지 노후화로 활력을 상실한 지역을 대상으로 한다. 소규모주택 정비사업 및 기초 생활 인프라 공급 등으로 마을공동체를 회복하는 것이 목표다. 서울형 도시재생유형 중 주거지재생형이 해당된다.

이 중에서도 우리가 주목해야 할 사업 유형은 근린재생형 사업 중 일반근린형, 주거지지원형, 우리 동네 살리기형이며 더 구체적으로는 2019년 6월 27일 발표한 <2025 서울시 도시재생 전략계획 변경공고>에 나온 지역이다. 여기서 언급된 서울시 도시재생활성화 지역 37개소^{여기에 더해 9개소를 신규 선정하여 2020년}

전략계획에 반영할 예정를 중심으로 분석해야 한다. 바로 이 지역들이 도시재생사업의 중심이 될 것이기 때문이다. 아래는 2019년 6월 27일 기준 내용.

일자리거점 육성형 : 경제기반형(4개소)

생활중심지특화형·주거지재생형 : 중심시가지형(9개소), 일반근린형(18개소), 주거지
지원형(6개소)

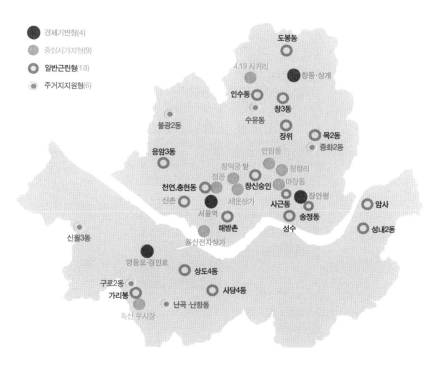

서울형 도시재생의 사업 유형별 선정 지역 (2020년 1월 현재)

117

서울형 도시재생의 사업 유형별 특색과 현황 (2020년 1월 현재)

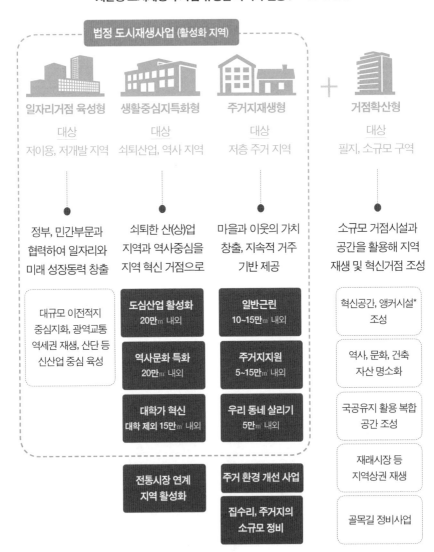

법정 도시재생사업 (활성화 지역)

일자리거점 육성형
대상
저이용, 저개발 지역

정부, 민간부문과
협력하여 일자리와
미래 성장동력 창출

대규모 이전적지
중심지화, 광역교통
역세권 재생, 산단 등
신산업 중심 육성

생활중심지특화형
대상
쇠퇴산업, 역사 지역

쇠퇴한 산(상)업
지역과 역사중심을
지역 혁신 거점으로

도심산업 활성화
20만㎡ 내외

역사문화 특화
20만㎡ 내외

대학가 혁신
대학 제외 15만㎡ 내외

전통시장 연계
지역 활성화

주거지재생형
대상
저층 주거 지역

마을과 이웃의 가치
창출, 지속적 거주
기반 제공

일반근린
10~15만㎡ 내외

주거지지원
5~15만㎡ 내외

우리 동네 살리기
5만㎡ 내외

주거 환경 개선 사업

집수리, 주거지의
소규모 정비

+

거점확산형
대상
필지, 소규모 구역

소규모 거점시설과
공간을 활용해 지역
재생 및 혁신거점 조성

혁신공간, 앵커시설*
조성

역사, 문화, 건축
자산 명소화

국공유지 활용 복합
공간 조성

재래시장 등
지역상권 재생

골목길 정비사업

*앵커시설 : 도시재생지역 활성화의 구심점 역할을 수행하는 시설
*활성화 지역 외에는 시비, 부처 협력 등을 활용한 보편적 지원

일자리거점 육성형   사업명 : **경제기반형**   도시재생활성화및지원에관한특별법 | 5개소

서울역, 창동·상계, 장안평(2015) / 영등포·경인로(2017) / ★ 홍릉 연구단지(2019)

생활중심지특화형   사업명 : **중심시가지형**   도시재생활성화및지원에관한특별법 | 15개소

세운상가, 창덕궁앞 도성 한복판, 정동(2015) / 용산전자상가, 마장동, 청량리·제기동, 안암동, 4.19사거리, 독산우시장(2017) / ★ 홍제역, 효창공원, 북촌 가회동, 구의역, 풍납동, 면목패션봉제 진흥지구(2019)

주거지재생형   사업명 : **일반근린형**   도시재생활성화및지원에관한특별법 | 21개소

창신·숭인, 가리봉, 해방촌, 성수, 신촌, 암사, 장위, 상도4동(2015) / 창3동, 천연·충현동, 묵2동(2017) / 송정동, 인수동, 도봉2동, 사당4동, 성내2동(2018) / 응암3동, 중화2동, 목3동 ★공항동, 청운·효자·사직동(2019)

주거지재생형   사업명 : **주거지 지원형**   도시재생활성화및지원에관한특별법 | 6개소

수유1동, 불광2동, 난곡동(2017) / 사근동, 신월3동, 구로2동(2019)

주거지재생형   사업명 : **주거환경개선사업**   도시및주거환경정비법 | 84개소

연남동, 정릉동1, 미아1, 또바기마을, 개봉1동 등 84개소

주거지재생형   사업명 : **도시활력증진사업**   국가균형발전특별법 | 11개소

필동 서애길 활성화 계획 등 11개소

★ 표시는 2019년 신규 선정

| 주거지재생형 | 사업명 : **새뜰마을사업** | 국가균형발전특별법 | 2개소 |

금천구 암탉우는 마을, 돈의동 쪽방

| 주거지재생형 | 사업명 : **우리 동네 살리기** | 국가균형발전특별법 | 5개소 |

제기동, 독산1동(2018) / ★ 은천동, 제기동, 본동(2019)

| 거점확산형 | 사업명 : **서울형도시재생사업** | 개별법에 따라 추진 | 15개소 |

광운대역, 상암·수색, 동남권 국제교류복합지구, 서남권 G-Valey, 세종대로, 석유비축기지, 노들섬, 여의도 일대 한강협력사업, 서촌, 돈의문박물관 마을, 남산예장자락, 백사마을, 현대차 미래연구소, 동부제강 부지, 선교사주택 (*성곽마을-주거환경개선사업과 중복)

| 거점확산형 | 사업명 : **골목길재생사업** | 서울시골목길지원조례 | 25개소 |

(시범사업, 2개소) 후암동 두텁바위로40길 일대, 성북동 선잠로2가길 일대

(2018) 운니·익선동 삼일대로32길 일대   장충동2가 퇴계로 56가길 일대
       독산동 시흥대로101·103길 일대   용답동 용답21길 일대
       수유동 삼양로73가길 일대   월계동 광운로13·15·17길 일대
       천연동 독립문로12길 일대   합정동 토정로4길 일대
       연남동 동교로51길 일대   강남구 대치동 삼성로64길 일대
       영등포구 신길3동 신길로41라길 일대

(2019) ★ 권농동·와룡동 일대   ★ 이태원동 소월로40길 일대
      ★ 송정동 송정12라길 일대   ★ 자양동 뚝섬로30길 일대
      ★ 묵동 동일로161길 일대   ★ 수유동 삼양로87길 일대
      ★ 창동 덕릉로 54가길 일대   ★ 망원1동 월드컵로 19길 일대
      ★ 목동 중앙본로1길 일대   ★ 화곡8동 초록마을로 26길17 일대
      ★ 고척로3길~경인로15길 일대   ★ 난곡동 난곡로15길 일대

★ 표시는 2019년 신규 선정

도시재생은 무조건 대박?
사업 유형을 잘 판단해야 하는 이유

사업 유형을 잘 판단해야 하는 이유는 근린재생 일반형으로 사업을 진행한 창신·숭인 지역의 평가가 엇갈리기 때문이다.

창신·숭인 지역은 도시재생 선도지역로 1970대부터 봉제산업의 메카였다. 2000년 이후 봉제산업이 붕괴하며 이곳의 경제는 위축되었다. 뉴타운으로 지정된 후 10여 년 동안 사업이 진행되지 않다가 주민들의 동의를 받아 뉴타운구역에서 해제됐다. 이어서 서울시는 '창신·숭인 도시재생 선도지역'으로 2014년 선정하고, 선도지역인 이곳에 200억 원 이상의 예산을 투입하였다.

이 지역에 대한 평가는 양 갈래로 나뉜다. 대표적 도시재생 실패 사례로 보는 경우와 성공 사례로 보는 경우다. 실패 사례로 보는 이유는 다음과 같다. 창신·숭인 지역에는 봉제박물관과 주민공동이용 시설이 들어섰지만 정작 일자리 창출은 일어나지 않아 연세대 도시공학과 김갑성 교수는 창신·숭인 지구의 경우 200억 원을 투입해 직·간접적으로 창출된 일자리는 391개에 불과하다고 주장했다 도시재생사업의 경제적 효과가 미미했다는 것이다. 또한 골목길 재생 등의 명목으로 좁고 낡은 도로 등 주민 편의를 위해 정비됐어야 할 낡고 좁은 도로들은 정작 손보지 못했다는 비판도 있다. 반면, 대대적인 철거 위주 재개발 대신 지역의 역사와 문화를 기반으로 삼아 도시재생의 가치를 실현했다고 보는 시각도 있다. 봉제역사관과 산마루놀이터, 백남준 기념관 등으로 지역에 활력을 되찾았는데 이런 과정을 주민들이 주도함으로써 주민 스스로 보존하고 발전시켜 나가는 도시재생 모델의 사레라는 것이다.

성공과 실패의 기준은 관점에 따라 다르지만, 중요한 점은 도시재생사업이 계속 진행되고 있다는 점이다. 서울시는 2019년부터 빈집 리모델링 사업을 시작했다. '빈집 재생 프로젝트'를 본격화하면서 민간사업자가 참여하는 '빈집 활용 토지임대부 사회주택'을 공모했다.

빈집 재생 프로젝트는 2030 청년 세대와 신혼부부 등을 위한 주택 공급을 목표로 시작하였다. 아파트의 선호도가 매우 높은 시점에서 빈집 재생 프로젝트가 성공할 수 있을지는 지켜봐야 할 것이다. 사람들이 아파트를 선호하는 이유는 기반시설과 이용의 편의성 때문인데 이와 관련된 해법을 찾는 것이 중요하리라 본다.

민선 7기 서울시의 미래 청사진을 보면, 주택 및 주거재생사업부문 예산을 2019년 2,924억 원으로 잡고 있다. 이 규모는 지난 4년간 쓴 주거지 재생 예산에 근접한다. 2020년 2,785억 원, 2021년 3,535억 원, 2022년 6,079억 원으로 계속 증가할 것이며, 앞으로 매년 3천억 원 규모의 예산을 주거재생사업에 쓸 예정이다.

기반시설이 정비되는 지역 등
수요자의 니즈를 충족시킬 곳을 찾아라

빈집을 찾을 때 가장 고려해야 하는 것이 도로 등의 기반시설이다. 집은 없어도 차는 보유하고 있는 경우가 대다수이기 때문에, 주거지까지 접근하는 도로와 주차 여부가 이슈가 된다. 그러므로 기반시설이 정비되는 지역을 찾아야한다. 다음의 기사를 보자.

주택산업연구원의 2017년 조사에 따르면 서울 전체 주택 수요의 74.3%는 아파트로 나타났다. 서울시민 4명 가운데 3명꼴로 아파트에 살고 싶다는데 도시재생은 저층 주거시설만 늘려 주택 수급 불균형을 초래하고, 결과적으로 새 아파트를 중심으로 가격 상승을 유발하는 원인이 되는 셈이다. 권대중 명지대 부동산학과 교수는 "다세대주택은 도로 등 기반시설이 제대로 확보되지 않은 경우가 많고 주차시설도 아파트에 비해 열악하다"면서 "주민들이 원하는 유형의 주택 공급이 이뤄질 수 있는 정책이 나와야 한다"라고 지적했다.

서울시, 낙후동네에 6천억 썼는데…"벽화만 남고 변화는 없다" (매일경제, 2019.4.10)

도시재생 지역에 투자를 결정할 경우 고려해야 할 핵심 가치는 명확하다. 바로 유효 수요자들의 니즈를 충족시켜 주는 것이다. 이 가치는 누구나 동의하는 것으로 주거 시설의 편리성, 접근성, 주차 문제의 해결 등이 해당된다. 이러한 가치들을 생각하면 찾아야 할 낡은 건물, 빈집의 조건이 나올 것이다.

도시재생사업 관련 물건을 볼 때 고려해야 할 최소한의 조건은 다음과 같다.

첫째, 보행 및 자동차 통행이 가능한 폭 4m 도로에 2m 이상 접해 있을 것.

둘째, 주차 공간이 확보되어 있거나 확보할 수 있는 곳일 것.

셋째, 대중교통의 편리성 등이 확보되어 있을 것.

그리고 누구나 고려하는 것 외에 향후 이곳에 내가 원하는 건축물을 신축할 수 있을지도 검토해야 한다. 즉, 미리 설계안을 검토해야 하는 것이다. 현재의 가치로만 판단하는 것이 아니라 언젠가를 대비하여 미래 가치를 확인하는 것이 가장 중요한 조건 중의 조건이다. 주변 공사 여건도 꼭 확인해야 한다. 건물을 새로 지을 수 없는 땅이라면 미래 가능성이 매우 낮아진다. 지금 당장 신축할 생각이 없다고 해도 새로 건물을 지을 수 있는 곳인지, 신축 여건이 되며, 가설계로 나온 건물은 수익성이 있을지에 관하여 반드시 검토해야 한다.

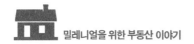

흐름을 읽는 투자를 하라

강연을 하다 보면 가장 많이 받는 질문이 "지금 집을 사야 합니까? 어느 지역을 사야 합니까? 적정 가격은 얼마입니까?"이다. 사람이라면 불확실한 투자처보다는 앞으로 값이 오를 가능성이 있는 지역에 투자하고 싶은 것이 당연하다.

투자에 대한 불안한 심리도 매번 같은 질문들이 나오는 이유다. 가장 두려운 것은 내가 소유한 부동산의 가격이 매수가 이하로 떨어지는 것이다. 부동산은 잃어도 그만인 한두 푼짜리 자산이 아니다. 게다가 주택이든 상업용 시설이든, 모든 공간은 그 안에서 생활하는 사람들의 삶의 터전이다. 한순간의 판단으로 누군가는 웃을지 모르나, 어떤 사람들은 울고 다치는 일이 발생한다.

2020년 1월 정부는 '부동산 투기와의 전쟁'을 선포하며 필승의 의지를 다졌다. 정부의 부동산 정책이 부동산 시장에 어떤 효과를 미칠지는 미지수이다. 아마 고가의 주택은 영향을 받을 것이다. 그러나 현재 시장 상황을 보면 정부의 기대와는 다소 다른 방향으로 움직이는 모양새다. 서울의 강남을 규제하면 마포·용산·성동구에서 가격 상승이 나타났고, 그곳에서 노원·도봉·강동구로, 또다시 경기 수원·용인·성남시로, 나아가 대구·대전·광주시로 번지는 효과가 반복해서 나타나고 있다. 이렇게 아파트 가격의 연달은 상승이 이어지면 다른 유형의 주택, 즉 단독주택이나 다세대·다가구 주택들도 덩달아 상승한다. 이런 현상은 이번만이 아니라, 과거부터 현재까지 계속 반복되어온 일정한 흐름이다.

이것이 곧 부동산 순환 경기라고 할 수 있다. 그러므로 시장의 흐름을 잘 보아야 하며, 정부와 지자체가 수립한 계획을 활용할 줄 알아야 한다. 힌트는 멀리 있지 않다. 정부와 자치단체의 보도자료를 활용하면 된다. 보도자료에는 정책 방향이 압축되어 담겨 있다. 보도자료 내용을 확대하여 정보를 찾아가다 보면 정확한 정책 방향을 알 수 있고, 조금만 신경 쓰면 그 안에서 보석과 같은 정보를 찾아낼 수 있다. 대표적인 것이 지자체가 발표하는 도시기본계획들이다. 이 같은 도시계획들을 보면 부동산 정책에는 규제만 있는 것이 아니라, 지자체와 국가가 정책상으로 장려하는 개발 관련 지역도 있음을 알 수 있다.

필자는 앞선 저서 ≪부동산 유치원≫에서도 정책에 반하는 투자가 아니라, 정책과 시장의 흐름에 순행하는 투자를 하라고 말한 바 있다. 그 첫걸음이 바로 도시계획을 분석하는 것이며, 이를 통해 낙후 지역과 도시재생으로 연결되는 일련의 흐름을 알 수 있을 것이다. 정부의 정책과 방향과 함께 확인해봐야 할 것은 지역이다.

앞으로 10년,
주목해야 할 지역들과 큰 그림

　재개발·재건축 사업은 전면 철거로 인해 삶의 터전을 잃은 상인·임차인·원주민과의 갈등, 역사적 자원의 멸실·훼손 등으로 사회적 문제를 발생시켰다. 특히 2000년대 초반 재정비사업을 추진하는 과정에서 2008년 세계 금융 위기로 인해 사업 진행이 어려워지거나, 사업지구 해제로 인한 이해관계자들의 갈등이 심화되었다. 이에 대한 대안으로 등장한 것이 도시재생에 관한 전략적 접근이다.

　<2025 서울시 도시재생 전략계획>은 <2030 서울플랜>에 근간을 두고 있다. 서울의 미래상과 발전 방향, 주택, 환경, 문화 등 각 분야의 다양성을 포함한 부문별 계획이 수립되어 진행 중이다. 서울의 중심지 체계는 '3도심 7광역중심 12지역중심'으로 나누어져 있다. 5개 권역생활권으로 구분하여 각 권역의 특성에 맞게 재생 과제를 수립하였다. 131페이지 참고.

여기에서 한 발 더 나아가, 기본 계획의 생활권역별 핵심 이슈 및 공간 구조를 일관성 있게 반영한 것이 <2025 서울시 도시재생 전략계획>이다. 주거환경 정비 부분은 전면 철거 방식이 아닌 소규모 정비사업에 중점을 두고 있다.

우리가 주목할 것은 두 가지이다. 하나는 소규모 정비사업의 한 모델인 자율주택정비사업이며, 다른 하나는 준공업지역이다. 서울시는 준공업지역 재생과 활성화 방안을 담은 <2030 준공업지역 종합발전계획>

2025 서울시 도시재생 전략계획

▶ 내용 보러 가기

을 2015년 완료하였으며, 이후 공개하였다. 2019년 12월 16일에는 관계부처 합동으로 주택 시장 안정화 방안의 일환으로, 준공업지역에 대하여 다음과 같이 발표하였다. ●아래 내용은 읽기 편하도록 말투를 각색한 것임을 밝혀둔다.

준공업지역 관련 제도 개선 : 서울 내 준공업지역은 서울시 전체 면적의 3.3%인 1,998만㎡이다. (7개 자치구별 현황을 보면, 영등포구 5,025천㎡, 구로 4,277천㎡, 금천 4,122천㎡, 강서 2,920천㎡, 성동 2,051천㎡, 도봉 1,489천㎡, 양천 93천㎡이다. <서울 준공업지역 재생과 활성화 방안(2015년)>을 운영 중, 사업추진은 다소 부진하다.) 지원 방안은 다음과 같다. 저렴한 주택 공급, LH·SH 등 참여 시 인센티브를 제공할 예정이다. 즉, 정비사업 활성화를 위한 제도를 개선하고 준공업지역 내 소규모 정비를 활성화하려 한다. 또한 준공업지역 내 저층 주거 밀집지역에 가로주택정비 활성화 방안을 적용할 것이다.

내용을 살펴보면 주거재생 복합산업 공간으로 변화하고 있는 준공업지역 내의 직주 근접 주거 시설을 확보하는 데 중점을 두고 있다. 서울 시내 준공업지역 내 산업 시설 환경 여건이 변화되고 있으며 그에 따른 도시 기반시설이 확충되어 과거의 공장 지역이 바뀌고 있다. 주거재생형은 입지특성, 해당 정비사업 관련 규정에 따른 최소 단위 기준이 적용되나 입지 여건에 따라 도시계획위원회의 사전자문 등을 통하여 규모를 완화할 수 있는 예외 조항이 있다.

사업 유형별 최소 재생 단위 기준 *정비사업 유형별 관련 규정에 따름

- 주택재건축 사업 : 1만㎡ 이상, 300세대 이상
- 공동주택 리모델링 사업 : 30세대 이상(사업계획승인 대상)
- 주택재개발 사업 : 최소 20호 이상~1만㎡ 미만 가로 구역
- 주거환경관리사업 : 공공지원을 통해 주거 환경 개선이 필요한 지역
- 건축협정 : 2개 필지 이상(건축법 제77조의 4에 따른 지구단위계획구역, 정비구역, 존치구역 등)
- 역세권 내 기숙사, 임대주택 용적률 완화(400% 이하) : 3천㎡ 이상

*정비사업별 기본계획 등 관련 기준을 반영함

그렇다면 사업 유형 중 우리가 우선적으로 검토해야 할 것은 무엇인가? 1장에서도 말했듯 건축협정 방식이다. 사업 방식 및 규모 면에서 일반인이 접근할 수 있는 것이기 때문이다. 사업지 입지요건은 주변 지역 4층 이하, 왕복 2차로 이상 도로와 접하며 2개 필지 이상이면 된다.건축법 77조의4 규정에 따라 지구단위계획, 정비구역, 촉진구역에 적용. 사업 시행에 대한 의사결정 전 허가관청에 건축에 관계되는 인·허가 사항을 확인하는 것은 필수이다. 이 점은 기타 다른 사업장도 동일하다.

서울의 중심지 체계 : 3도심, 7광역중심, 12지역중심

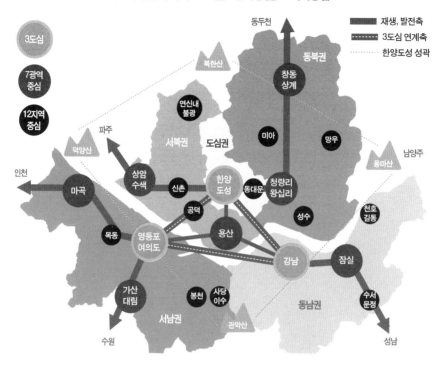

서울 유망산업 등과 연계한 권역별 전략산업

2030 서울플랜 + **경제비전 2030** + **서울 유망산업**	마곡과 연계된 창조문화(문화 콘텐츠) 산업	강서권역
	글로벌 금융과 연계한 MICE / 문화산업	영등포권역
	G밸리와 연계한 R&D기반의 IoT + 제조업 / 문화산업	금천권역
	경인산업축과 연계한 ICT + 제조업 / 문화산업	구로권역
	대학과 연계한 R&D, IT, 수제화 등 특화산업	성동권역
	창동·상계 신산업과 연계한 콘텐츠 / 문화산업	도봉권역

투자해야 할 지역,
여기에 다 있다

과밀화된 서울의 도심은 이제 기존 공간을 이용해 시민들이 필요로 하는 용지를 공급하는 수밖에 없다. 도로와 골목과 건물은 물론이고 다채로운 이해관계가 거미줄처럼 얽혀있는 서울의 도심. 언제 어디가 개발될지는 모든 부동산 투자자들의 관심사이다. 그렇다면 투자자로서 우리가 특히 주목해야 할 곳과 개발 가능성이 높은 지역은 어디일까? 이것을 알고 싶다면 <2030 서울플랜>의 방향성을 알아야 한다. 지방의 경우 각 지자체의 도시기본계획. 앞서 살펴보았듯 <2030 서울플랜>은 3도심 7광역중심 12지역으로 구성되어 있다.

3도심은 주요 업무지구로 이해하면 된다. 대형 오피스들이 많이 있는 곳, 일자리가 많은 곳으로 보면 될 것이다. 부동산 시장에 보는 주요 업무지구는 CBD한양도성, GBD강남, YBD영등포·여의도로 구분하며, 기타 지역은 주요 3권역 이외 서울지역 ETC용산, 잠실, 상암, 가산 등, 경기도 BBD서현, 수내, 판교 등 분당권 등을 들 수 있다. 그리고 이 3도심을 다시 광역권으로 나누고, 광역권을 12지역으로 세분화시킨 것이다. 중심지를 세분화하며 확장시킨 셈인데, 광역교통망도 같은 맥락에서 이 지역들을 중심으로 계획한다.

이들 3도심 7광역중심 12지역중심 지역을 대상으로 하는 개발 계획에 관심을 가져야 한다. 부동산 호재가 갑자기 나타나는 일은 드물다. 호재는 정책적으로 이미 계획된 지역부터 뻗어나가며 발생하는 것이다. 특히 강북권 개발 계획에 관심을 가질 필요가 있다. 불광, 연신내, 응암, 미아, 길음 지역은 개발이 시작되었거나 이제 가시화되는 지역들로 잠재적 가치가 아직 드러나지 않았다.

<2025 서울시 도시재생 전략계획>은 2015년 12월에 발표된 이후 매년

2025 서울시 도시재생 전략계획 수립체계

도시계획 체계

- **2030 도시기본 계획**
- 생활권계획
- 역사도심 기본계획 등 지역별 계획
- 기본 경관계획 등 부문별 계획
- **지역 맞춤형 지구단위 계획**

도시재생 체계

- **서울시 도시재생 기본방침**
- 경제비전 2030 서울 미래 혁신 성장 프로젝트
- **도시재생 전략계획** 활성화 지역 운영기준 사업 실행 및 지원 체계
- 도시 및 주거환경정비 기본 계획
- 지역교통계획 도시철도 및 도로정비 기본 계획
- 건축계획 건축 기본계획
- 경관, 환경계획 문화시민도시 서울 기본 계획 등
- **도시재생활성화 계획**

일관성 유지 · 연계, 반영 · 활용 · 반영

시대적 흐름에 맞게 변경되어 가고 있다. 처음에는 도시재생 활성화지역 선도모델 13개소를 지정했으며, 2018년 27개소로 확대했다. 서울도시재생포털에 공시되고 있는데, 현재 서울도시재생활성화사업 현황은 총 39개소로8개소 반영 예정 더 늘어났다. 도시재생 전략계획의 기본 방침은 <2030 서울플랜>, <2030 서울생활권계획이하 생활권계획> 등 도시관리계획 체계와 일관성을 유지하고 있다.

도시기본계획이하 2030 서울플랜은 가장 기본이 되는 계획으로 서울시가 제시하는 비전이다. 그러나 그 내용을 바로 이해하기는 어렵다. 공학적인 부분과 여러 공법 등의 틀 안에서 수립된 계획이기 때문이다. 다행인 점은 이 또한 100% 이해할 필요는 없다는 것! 최소한의 개념과 방향을 파악하면 된다.

2030 서울플랜과 생활권계획에 '왜' 관심을 가져야 하는가? 이유는 명확하다. 관심 지역의 주요 발전 방향이 거시적으로 나와 있기 때문이다. 큰 숲을 보고, 그 안으로 들어가야지만 숲 속의 환경을 확인할 수 있는 법이다. 대다수의 사람들이 나무만 보고 있다. 그러나 서울시와 정부가 장기적인 관점에서 그리는 큰 숲의 모양을 확인해야 한다.

우선적으로 도시재생활성화 지역으로 지정되어 있는 곳의 생활권계획부터 확인해보자. 예를 들어, 창동·상계 지역은 2014년 4월 발표된 2030 서울플랜에서 광역중심으로 격상되었다. 이 지역은 향후 서울뿐만 아니라 수도권 동북부의 일자리·문화 중심으로 육성하고자 하는 곳으로, 2015년 12월 도시재생활성화 지역으로 지정되었고 그에 대한 계획은 2017년 3월 2일에 고시되었다.

기본 계획이 수립된 이후 그에 관한 액션 플랜들이 추가적으로 수립되는 식이다. 이처럼 2030 서울플랜은 '서울시 전체의 공간 구조에 대한 비전'으로써 앞으로 서울의 발전 방향, 미래 전략을 보여준다. 특정 지역의 미래 가능성을 알고 싶다면 도시기본계획부터 차근차근 살펴봐야 하는 이유가 그것이다.

지금부터는 2030 서울플랜의 중심지역 공간 구조인 3도심 7광역 12지역 체계를 파악해보자. 각 도심·중심은 각각의 특성과 육성 방향이라는 큰 틀을 가지고 있다. 그 안에서 계획이 수립되고, 그 내용을 검토·심의 후 고시하는 절차를 거친다.

3대 도심의 특성 및 육성 방향

자료 : 2030 서울플랜 공간 구조 및 토지 이용 계획

① 한양도성

한양도성의 정체성은 역사문화중심지ICC : International Cultural Center이다. 서울의 역사 도심으로 국제적인 문화교류 기능을 담당하게 된다. 기존 도심의 범위를 한양도성 안으로 한정하여 역사 보전에 초점을 맞추도록 하되, 수도 서울의 경제·행정·문화 중심지로서의 특별한 지위를 유지하겠다는 것이다.

② 영등포·여의도

영등포와 여의도 일대는 국제금융중심지IFC : International Financial Center로

NOTE _

곧 발표될 강남 마스터플랜에 주목하라! 강남구에서는 〈비전 2030 글로벌 강남 종합발전계획〉을 확장하는 〈2040 강남 마스터플랜〉 수립 용역이 현재 진행 중이다. 용역이 완료되어 2040 강남 마스터플랜이 발표되면 내용을 확인해보길 권유한다. 이유는 반복적으로 이야기한 바, 그 안에 힌트가 있기 때문이다.

서 증권거래소 등을 중심으로 국제금융 기능을 담당하게 된다.

③ 강남

강남에는 국제업무중심지IBC : International Business Center라는 정체성을 부여했다. 국제기구유치 및 MICE회의·관광·컨벤션·전시 산업 육성 등을 통해 다양한 국제 비즈니스 기능을 담당하게 될 것이다.

3대 도심지역 중 영등포 지역에 대한 도시재생 계획이 발표되고 있다. 이는 영등포 준공업지역 재생사업을 중심으로 이루어질 것이다.

7대 광역중심의 특성 및 육성방향

자료 : 2030 서울플랜 공간 구조 및 토지 이용 계획

7대 광역중심을 보면 위치와 지역의 특징을 고려하여 각 지역별로 기능을 부여하고 있다. 기능적으로 특화된 중심지로 육성함으로써 권역별 균형 발전을 도모하려는 의도이다.

① 용산(도심권)

한양도성의 역사적 가치와 보전 중요성이 강조됨에 따라 고밀, 고층의 대형 상업 시설과 업무 시설이 들어서기 어렵게 되었다. 용산은 한양도성, 영등포·여의도와 매우 인접해 있다. 따라서 한양도성 안에서 수용하기 어려운 대형 시설 등을 용산에서 흡수하고, 또한 한양도성 및 영등포·여의도와 연계되는 국제 기능을 용산에 부여할 예정이다.

② 청량리·왕십리(동북권)

이름만 들어도 '역'이 생각나는 지역들이다. 이 두 지역이 가지고 있는 철도 교통 및 환승 역세권의 잠재력을 활용하여 상업·문화중심 기능을 키우려 한다.

③ 창동·상계(동북권)

서울의 대표적인 노후 베드타운이다. 이곳의 창동차량기지 등 가용지를 활용하여 지역고용기반을 구축하고, 경원축경의선 연천 - 동두천 ~ 양주 구간의 중심지로 만들려 한다. 이 지역에 대규모 산(상)업 시설이 생긴다면 외곽에서 시내로 유입되는 통근 교통에 여유가 생기고, 대도시로서 동북권의 자족성도 제고될 것이다.

④ 상암·수색(서북권)

이곳은 한강축에서 경의축경의선 파주 ~ 고양 구간이 갈라지는 교차점이다. 수색교부터 DMC역에 이르는 약 32만㎡에 걸쳐 수색 역세권 개발이 예정돼 있으며, 이곳에 대규모 중심상업 시설을 조성할 계획이다. 철길로 끊어졌던 상암과 수색 사이 교통도 재정비된다. 이를 통해 서울 대도시권 서북 지역의 광역적 고용기반을 구축하겠다는 것이다.

⑤ 마곡(서남권)

마곡은 김포공항 및 상암과 연결되는 지역이다. 대규모 개발 가용지를 활용하여 MICE 복합단지, R&D센터지식산업센터 등 지식기반산업 단지와 시설들이 들어서게 된다.

⑥ 가산·대림(서남권)

산업단지 및 구로차량기지 등 가용지를 중심으로 창조적 지식기반 고용기능을 확산시킬 예정이다.

⑦ 잠실(동남권)

강남 도심과 연계되는 지역으로서, MICE 산업 등을 육성하여 국제적 관광·쇼핑 기반을 구축한다는 계획이다.

지역중심 : 생활권별 고용기반 마련 및 자족성 강화

앞으로 지역분석을 할 때는 7대 광역중심 지역과 12대 지역중심을 위주로 사고하는 습관을 들이자. 지역분석의 중요성은 앞서도 이야기한 바다. 어디에, 무엇을 투자해야 할지 결정할 때 가장 중요한 요인이 지역분석이다.

어디에 → **어느 지역에**

무엇을 → **부동산을(주거용, 오피스, 리테일 등)**

의사결정을 하기 위해서는 지역분석이 필요하다!

부동산은 지역적 차별화가 뚜렷하게 나타난다. 같은 지역 안에 있는 아파트라도 가격이 다르게 형성된다. 이 점을 이해하고, 그 지역에 대해 분석이 안 되어 있다면 어떤 것도 판단해서는 안 된다. 부동산 투자자라면 지역에 대한 개념적 이해와 정의를 할 수 있어야 한다. 예를 들어보자. 강남권은 누구나 다 아는 지역이다. 그렇다면 강남의 아파트, 단독주택 가격은 다 똑같이 형성되어 있을까? 강남 지역에서도 가격이 높은 지역이 있고, 낮은 지역이 있다. 그 이유를 찾아야 한다. 그래야 저평가되어 있는 물건인지, 아니면 정말 가치가 없어서 가격이 낮은 것인지를 판별할 수 있다.

한 권의 책 안에 모든 내용을 기술하고 전달할 수는 없다. 결국은 각자 공부하고 스스로 찾아나가는 수밖에 없다. 그럼에도 필자가 이 책을 통해 꼭 전달하고 싶은 것이 있다면 '어디서부터 시작해야 하는가'이다. 즉, 숲으로 들어가는 출발점을 안내하고자 한다. 숲 속이 궁금하다면 직접 그곳을 찾아들어가야 한다. 서울 5대 권역별 지역이 어떤 계획 하에 움직이고 있는지 파악하고, 그 지역에 직접 가보기를 권유한다. 계획이 실행되기까지는 최소 몇 년의 시간이 지나야 한다. 부동산의 호재는 한 번에 생기지 않는다는 것을 명심하고, 인내심을 가지고 관심 지역들에서 눈을 떼지 않길 바란다.

5대 권역별 도시재생 구상과 12대 중심지역

자료 : 2030 서울플랜 공간 구조 및 토지이용계획

5대 권역	12대 지역중심	특성 및 육성 방향
도심권		역사·문화·경제·생활 자산을 활용하여 과거와 미래가 공존하는 글로벌 문화 중심지로 위상 강화
	동대문	패션산업 등을 통해 다양한 창조산업 육성 (역사 보전에 초점을 맞춘 도심과 기능 구분)
동북권		역사·자연자원 및 지역 산업 특화로 고용 창출 및 지역문화와 공동체 활성화
	망우	지역 간 철도교통을 기반으로 상업·문화중심 기능을 집적
	미아	교통의 결절점으로 상업·문화중심 기능을 집적
	성수	건대입구의 대학 잠재력과 성수 준공업지역을 연계하여 창조적 지식기반산업 집적지로 전환
동남권		국제 업무, 관광, 쇼핑과 문화가 융복합된 글로벌 도시 조성과 주거지의 계획적 관리
	수서·문정	광역교통기능(KTX)과 연계하여 업무, R&D, 물류 등 복합기반 구축
	천호·길동	대규모 배후지역 개발에 따라 외곽에서 시내로 유입되는 통근 교통을 흡수, 고용기반 구축

서북권	DMC, 대학과 연계한 창조산업 특화 문화관광 네트워크 및 지역공동체 활성화	
	신촌	신촌·홍대 앞 등 집적된 대학 잠재력을 활용하여 다양한 창조문화산업의 거점으로 육성
	마포·공덕	공항철도를 기반으로 기존의 업무 기능을 확대
	연신내·불광	교통의 결절점으로 상업·문화중심 기능 집적 및 사회 혁신 창조 클러스터를 활용한 신성장산업 육성
서남권	산업 혁신으로 미래 신성장거점 육성, 주민 생활기반 강화로 삶의 질 업그레이드	
	목동	기존의 업무 및 상업중심의 자족 기능 확대
	봉천	행정, 산업, 문화, 대학 등 특화된 기능의 융복합을 통하여 서남권의 복합업무거점으로 육성
	사당·이수	동서 및 남북 간 교통의 결절점으로서의 잠재력을 활용, 고용기반을 강화

새로운 기회의 땅이 된
준공업지역

준공업지역은 과거 우리나라의 경제 성장을 주도했던 공장 밀집지역이다. 대표적인 곳이 구로공단, 영등포 일대이다. 도시가 성장함에 따라 이 지역은 점차 화려한 도심과 어울리지 않는 지역이 되었고, 이들 지역에 위치해 있던 제조업 위주의 공장들 대다수는 외곽 지역으로 이전해 현재는 영세한 업장만이 남아 있다. 2차 산업제조업, 광업 등 위주의 기존 공장 터를 채운 것은 주로 3차 산업IT, 금융, 서비스 등들이다. 일례로 1964년 우리나라 최초의 산업단지로 태어난 구로공단은 오늘날 IT 업체들이 대거 위치한 구로·가산 디지털단지로 변화하였다. 이 같은 개발은 민간이 주도했는데, 기존 공단 부지에 수익성 위주로 개발한 탓에 산업 시설과 주거 기능이 혼재되어 있으며 그로 인해 주거 환경에 대한 민원이 지속적으로 발생했다.

　서울 준공업지역은 현재 4개 유형의 재생 방안에 맞춰 도시재생이 진행 중이며, 그 덕분에 이미 기회의 땅이 되어 가고 있다. 성동구는 이미 많은 사람들이 관심을 갖는 지역이다. 유명 연예인들의 투자처로도 알려져 있다.

서울 영등포 문래동을 보자. 영세 규모의 철공소들이 밀집해 있는 곳이다. 청계천 일대의 철공소들이 이주해 오기 시작하면서 전성기 때는 그 숫자가 무려 1천여 개에 이르렀다. 2000년대로 넘어오면서 이 일대에 재개발 바람이 불었고, 서울 외곽으로 철공소들이 이전하며 골목에는 빈집과 빈 가게만 남게되었다. 그러자 상수동과 연남동에서 활동하던 예술인들이 저렴한 임대료를 찾아 문래동에 터 잡기 시작했다. 낡은 건물과 투박한 철공소들 그리고 예술적인 카페와 갤러리들이 뒤섞이는 독특한 풍경이 조성되면서 쇠락한 문래동 철공소 골목은 젊은이들이 찾는 공간으로 탈바꿈했다.

이는 밀레니얼 세대의 특징이 잘 나타나는 것이다. SNS와 떼려야 뗄 수 없는 밀레니얼 세대는 다중과 개인의 사생활 및 일상, 관심사를 공유하는 특색이 있다. 그런 밀레니얼들에게 타인에게 알려줄 만한 장소는 매력적인 놀이터이자 소비 대상이다. 이처럼 사람들이 찾기 시작하자 자연히 상권이 살아나기 시작했고 그 결과 지금은 젠트리피케이션을 걱정할 정도로 값이 치솟았다.

성수동, 문래동에는 공통점이 있다. 바로 과거 도심 속 공업지역이었다는 점이다. 시대적 흐름에 따라 공업지역이 준주거지역으로 바뀌고 있는 모습을 우리는 실시간으로 확인 중이다. 두 지역의 또 한 가지 공통점은, 중심 도심권으로의 접근성이 위치적으로 좋다는 점이다.

도시재생사업의 유형과 내용

유형		내용
전략재생형	분류	준공업지역 내 전략 거점으로 전략산업 기능, 지역중심 기능, 직주근접 주거 기능 등 3개 이상 기능 복합
	재생 방안	• 역 내 전략거점으로 육성을 위해 블록 단위 재생 권장 • 용적률 완화 시 공공기여로 임대산업시설을 확보하여 신산업 육성과 영세사업자 지원
산업재생형	분류	공장비율이 10% 이상인 주거·산업 혼재지역
	재생 방안	• 일자리 창출, 근무 환경 개선과 주거 환경 개선을 종합적으로 추진할 수 있는 주거와 산업의 공생 유도 • 부지 규모, 공공지원의 필요성에 따라 대규모 재생형, 중소규모 재생형, 공공지원 재생형으로 세분
	규제 완화	중소규모 부지(3천~1만㎡)의 경우 현재 250% 이하인 용적률을 400% 이하로 완화
주거재생형	분류	공장비율이 10% 미만인 주거·산업 혼재지역
	재생 방안	• 공동주택 등 주거 기능이 밀집한 지역의 주거 환경 개선 • 직주근접형 주거공간 조성을 위해 주거지역에 준하는 수준으로 재생 및 관리 • 공동주택, 저층 주거지로 구분하여 관리 재개발, 재건축, 가로주택정비사업 등 주거지역에 준하는 재생방안이 적용
	규제 완화	역세권에 임대주택이나 기숙사 등을 건축하면 현재 250% 이하인 용적률을 400%까지 완화
산업단지 재생형		준공 후 20년 이상 경과한 노후 산업단지의 경쟁력 강화, 산업단지 관련 규정에 따라 재생

도심에 얼마 남지 않은 재생 가능 공간에 주목하라

준공업지역은 서울시 전체 면적의 3.3%에 이른다. 작은 공간이지만 서울시 일자리의 10.3%를 차지하고 있고, 개발 가능한 부지가 타 지역에 비해 많아 발전과 성장 가능성이 매우 높다. 서울시에서는 준공업지역을 특성별로 전략재생형, 산업재생형, 주거재생형, 산업단지재생형 등 4개 유형으로 나눠 가이드라인을 제시하고 있다. 일자리와 주거 기능을 동시 복합적으로 개발함으로써 산업은 물론, 낙후된 주거지를 재생한다는 것이 핵심이다.

서울시의 공간 계획은 <2025 서울시 도시재생 전략계획>을 중심으로 <2030 서울플랜>, <2030 서울생활권계획>, <한강변관리 기본계획>, <2030 준공업지역 종합계획> 등을 권역 및 지역과 연계하여 보아야 한다. 제목을 보면 '기본 계획'이라고 되어 있다. 즉, 이 계획들은 방향성에 관한 것으로서 작품을 완성하기 위한 밑그림이라 할 수 있다. 밑그림은 자치단체에서 그리며, 밑그림을 바탕으로 완성하는 일은 민간이 주도적으로 한다. 공간 계획은 미래지향적이다. 미래에 변화될 모습을 권역별로 나누어놓은 것이다. 권역별 색깔을 잘 파악해야 한다. 색깔에 따라 앞으로의 모습이 달라질 것이기 때문이다.

준공업지역 권역별로 전략산업을 지정, 육성하므로 집약적 발전이 이뤄질 것이다. 현재 준공업지역에 종합발전계획이 수립되어 있지만, 사업 실

적은 미비하다. 이는 다시 말해 투자처가 많이 있다는 것이다. 이들 지역에 숨어 있는 가치를 찾아야 한다. 기회는 누구에게나 열려 있다. 반대로 가치를 찾지 못하는 투자라면, 투자 자체를 다시 고려해야 한다.

어디에 투자하느냐만큼 중요한
어떠한 콘텐츠로 채울 것이냐

서울의 준공업지역의 특징을 살펴보면 각 지역마다의 특색이 있다. 예를 들어 성수동 지역에는 수제화 거리가 형성되어 있고, 영등포 문래동 지역에는 소규모 철공소가 모여 있다. 이들 거리에는 과거와 현재가 공존하며, 이 같은 맥락에서 각 지역의 특색에 맞는 도시재생 개발이 진행되고 있다. 구로동 CJ공장부지의 경우 기존 공장의 시설물 일부사일로 조형물를 보전, 흔적 남기기로 진행하고 있다. 과거의 시설물을 산업문화유산으로 받아들이기 시작한 것이다. 이런 움직임들이 낙후된 시설을 바라보는 기준을 바꾸고 있으며 과거와 현재, 미래가 더불어 숨 쉬는 공간으로 변화시키고 있는 것이다. 즉, 준공업지역 내의 시설은 최대한 보전하는 동시에 새로운 공간으로 탈바꿈시키는 것이 트렌드화되었다.

이런 공간을 기획할 때는 문화적 콘텐츠 또는 공간과 어우러질 수 있는 콘텐츠가 확실히 있어야 한다. 가장 많이 보게 되는 콘텐츠는 카페이다. 카페의 경우 접근하기 쉽지만, 문 닫기도 쉽다는 것을 알아야 한다. 사람들이 모이는

폐공장이 수익형 부동산으로 : 투자자의 상상은 현실이 된다

폐공장의 변화, 상상해 보았는가? 무심코 지나치던 곳에 있는 버려진 공간이 뜻밖의 기회가 될지 모른다.

몇 해 전만 해도 문래동, 성수동 지역은 낡고 노후한 지역이라는 이미지가 강했다. 곳곳에 버려진 창고와 공장들은 흉물스럽게 느껴지기까지 했다. 보통의 사람들에게 그 같은 장소의 이미지는 아마 도시 속 쓰레기, 즉 치워야 할 물건 같았을 것이다. 그러나 이런 곳을 원 모습대로 재생시키고, 심지어 명소로 만드는 혁신가들이 나타났다. 그들은 당신과 크게 다른 사람들일까? 그렇지 않다. 누구든 그러한 혁신을 꿈꿀 수 있고, 시도할 수 있다.

그렇다면 당신도 그러한 혁신가가 될 수 있을까? 그것은 장담할 수 없다.

흔히 부동산 투자하면 돈에 대한 것만을 생각한다. 돈에 대한 감각, 시장의 흐름에 대한 감각이 중요하다고 말한다.

그러나 지금 우리의 눈앞에 다가온 도시재생 시대의 부동산 투자는 다르다. 혁신이 동반되어야 한다. 그 안에는 예술적 상상적, 인문학적 감성이 포함되어 있다. 이 말은 '돈'만큼이나 '개인의 역량'이 중요한 부동산 투자 자본으로써 기능하는 시대가 왔다는 말이다.

성수동에 위치한 대림창고갤러리컬럼, 카페 어니언 등은 과거에 현재를 스케치한 곳들이다. 거기에 3장에서 강조했던 콘셉트 연출, 공간 재탄생, 밀레니얼 가족, 나만을 위한 공간 등의 트렌드(98페이지 참고)를 복합적으로 입혔다. 사람들이 이미 죽었다고 생각하던 공간에 상상력으로 새로운 생명을 불어넣은 결과는? 여러분이 아는 바와 같다. 공간은 복합적인 사용가치를 지닌다. 세계는 도시재생이라는 트렌드 속에 과거와 현재를 더해 미래를 준비하고 있다. 개념적 사고를 키워야 하는 것이다. 죽은 공간을 다른 관점으로 바라보길 바란다.

공간의 조건은 간단하다. 먹거리, 볼거리, 놀거리가 만족스러우면 사람들이 찾아오게 되어 있다. 주위를 둘러보면 카페 콘텐츠는 넘쳐 난다. 성수동의 카페 어니언, 대림창고갤러리칼럼 등에는 그만의 독특한 문화가 있고, 그 문화를 즐기는 사람들이 존재하기 때문에 계속하여 성장하고 있는 것이다. 그러므로 지역을 선택하기에 앞서 '무엇'을 할 것인가를 고민해야 한다. 그리고 지역을 선정하고, 자신이 찾은 '무엇'과 맞는 공간을 연출하면 된다. 준공업지역에 관심을 가지라는 이유는 눈에 잘 띄지 않는 가치가 내재되어 있기 때문이다. 당신이 찾아낸 '무엇'이 준공업지역의 숨은 가치와 맞아떨어져 시너지 효과를 낸다면, 다 쓰러져가던 부동산이 날개를 달고 날아오르게 될지 모른다.

서울시 준공업지역은 영등포구, 강서구, 구로구, 금천구, 성동구, 도봉구에 있다. 그중에서도 영등포구, 구로구를 중심으로 관심을 가지고 보았으면 한다. 물론 성동구도 포함되지만, 성동구 권역은 언론에 자주 노출되어 부동산에 관심을 가지고 있다면 흔히 아는 지역이기에 이 책에서는 추가적으로 설명하지 않겠다.

서남권 생활계획 속에 답이 있다

준공업지역들의 상당수는 <2030 서울 서남권 생활계획>을 중심으로 연계해보면 도움이 될 것이다. 서울 서남권에는 양천구, 강서구, 구로구, 금천구,

영등포구, 동작구, 관악구 등 7개 자치구가 해당되는데 특히 주목할 곳은 구로구와 영등포구이다. 구로구는 남부순환로 평탄화, 경인로 지회화 등이 예정되어 있으며 구로 차량기지 이전이 예정되어 있다. 영등포구의 경우 영등포 준공업지역의 낙후된 시설들을 정비하고 생활 인프라 시설을 구축할 예정이다. 영등포 지역과 관련해서는 바로 이어지는 챕터에서 더 자세히 알아볼 것이다.

서남권 7개 자치구

준공업지역 도시재생 활성화

강서구

양천구

영등포구

동작구

구로구

관악구

금천구

차량기지 이전

투자의 힌트 ①
공단과 차량기지가 이전하는 지역

준공업지역을 중심으로 도시재생 계획이 수립되는 이유는 간단하다. 이제 서울은 한 중심에 준공업지역이 존재할 수 없는 도시가 되었기 때문이다. 구로공단을 생각하면 쉽게 이해될 것이다. 구로공단은 대한민국의 산업화를 이끌었던 지역이지만, 오늘날 옛 공단의 이미지는 흔적도 찾을 수 없고 그 자리에 지식산업센터가 자리하고 있다. 구로공단이 현 모습으로 변화할 줄 예전에는 상상도 못 했을 것이다. 미래의 가치를 현재 시점에서 포착하고 미리 선점하길 원한다면? 누차 강조하지만 <2030 서울플랜>을 중심으로 <2030 서울생활권계획>, <2025 서울시 도시재생 전략계획>을 관심 있게 살펴봐야 한다. 전략적으로 계획된 곳은 우선적으로 개발하겠다고 선포한 지역이다. 이곳의 핵심 가치를 찾는 것은 각자의 역량에 달렸다.

현재 준공업지역에서 우리가 주목할 만한 곳은 공단 이전과 쪽방촌 개발 등의 이슈가 있는 영등포 지역, 차량기지가 이전하는 수서·수색·창동·용산 지역 등이다. 소위 '기피시설'로 분류되던 것들이 옮겨지고 그 자리에 오늘날 서울에서 찾기 힘든 규모의 거대한 가용지가 남는다는 공통점이 있다.

3대 도심 중 여의도와 인접, 공장 이전이 예정돼 있는 영등포

영등포권역은 영등포·여의도 도심지를 중심으로 가산, 대림 광역중심지역, 당산, 신풍지구 중심으로 이루어져 있다. 2018년 서울시가 여의도 개발 계획을 발표한 이후 가격이 급등하여 개발 계획을 보류한 것은 익히 아는 바다. 즉, 영등포는 여의도, 용산과 함께 움직인다. 이들 지역과 연계해서 분석해야 하는 것이다.

이 지역은 영등포역을 중심으로 준공업지역이 다수 분포하며 주거와 공업 시설이 혼합적으로 이용되는 특성이 있다. 이는 서울 지역 내 준공업지역들 대부분이 비슷한데, 시대적 흐름 속에 기존 공업 시설 대부분은 외곽 지역으로 이전하고 영세업종만 현재의 자리를 지키고 있다. 성수동과 달리 영등포_{문래} 지역은 영세한 철공소와 기계금속 공장이 주를 이루는 상황에서 예술공방, 카페 등이 공존하는 지역이 되었다. 이에 서울시는 문래창작촌_{문래동 이면도로}, 경인로 등을 '특화거리'로 조성한다는 계획을 밝혔다. 이런 계획들이 과연 단기간에 수립된 것일까? 사실은 이미 <2030 서울생활권계획> 중 지역생활권계획에 포함되어 있었던 내용이다. 그리고 서울생활권계획은 <2030 서울플랜>

을 바탕으로 수립되었다. 이처럼 기본 계획의 큰 틀에서 흐름이 이어지며 변화의 줄기들이 뻗어나간다. 중요한 투자 힌트는 이미 모두 나와 있다고 한 말이 이제 실감될 것이다. 영등포 일대 도시재생계획과 관련, 발표된 내용들을 연도별로 확인해보자.

2018년 11월 6일 서울시는 '82년 된 영등포 밀가루 공장 대선제분, 문화 공장 재탄생'이라는 제목으로 보도자료를 배포하였다. 대선제분은 1936년에 문을 연 밀가루 공장으로 공장은 이전하고 현재는 건축물만 남았으나, 그럼에도 80여 년 전의 모습을 거의 온전하게 보존하고 있다. 이곳을 '복합 문화공간'으로 재생하겠다는 구상안으로, 2020년 9~12월 순차적으로 준공할 예정이다. 민간사업자가 사업비부터 향후 운영 전반을 주도하는 서울시 1호 '민간주도형' 도시재생사업이다.

영등포 준공업지역 일대

2020년 1월 20일 "50년 된 영등포 쪽방촌, 주거·상업·복지타운으로 탈바꿈"이란 제목으로 기사가 보도되었다. 영등포역과 밀접해 있는 곳에서 공공기관SH, LH이 주도적으로 사업하여 공공주택을 공급한다는 계획이다.

2020년 2월 3일 서울시는 '영등포역 일대 기리 지역 특색 살려 새 명소로'라는 보도자료를 발표하였다. 큰 그림을 보면 경인로부터 영등포역 일대에 걸친 도시재생계획이다. 열악한 보행 환경을 개선하는 정도가 아니라 "1900년대 초부터 변화를 거듭해온 지역의 산업·문화 생태계를 담아내는 독특한 장소성이 살아있는 가로街路"로 조성하겠다고 밝혔다. 이는 기존의 재개발과 같은 전면 철거 방식은 지양하고, 과거의 문화와 현재, 미래가 공존할 수 있는 공간으로 개발하겠다는 것이다.

특화가로로 조성될 3곳은 영등포역~대선제분 일대745m, 문래창작촌 및 기계금속산업 밀집지1,955m, 경인로영등포역~도림천 구간 1,418m이다.

도시재생계획이 수립되어 있는 지역은 장기적인 안목으로 접근해야 한다. 단기간 내에 사업이 완료되어 지역이 활성화되지는 않는다는 점을 염두에 둬야 하며, 큰 그림을 보고 세부적인 확인이 필요하다.

차량기지 이전이라는 호재

구로철도차량기지 이전이 조건부로 결정되었다. 해당 부지는 가산 G밸리와 연계하여 개발될 예정이다. 차량기지가 주변 생활 환경에 미치는 영향은 매우

지금 당장 돈이 없어도 투자를 준비하라

종종 사람들은 "그런 개발은 언제 진행될지 몰라"라며 손사래를 친다. 하지만 긴 안목으로 도시재생 개발이 예정된 지역들이 있다는 것은, 그리고 그것이 아직 가시화 단계이거나 혹은 이제 막 삽을 뜨는 단계라는 것은 청년 투자자들에게는 감사한 일이다. 차근차근 기회를 맞이할 준비를 하자. 그러기 위해서는 세 가지가 병행되어야 한다. 첫째, 자본금을 모을 것. 둘째, 관심 지역과 도시계획에 관한 한 박사급이 될 것. 셋째, 수익 모델과 개발 시행에 대해서 시뮬레이션하는 습관을 들일 것. (수익 모델에 관한 것은 1장에서 설명했고, 구체적인 개발 방식과 시행에 관해서는 4장과 5장에서 설명할 것이다.) 준비된 자만이 기회를 잡을 수 있다.

커서 차량기지 근처는 사람들이 찾지 않는 기피 지역이 되었다. 이 같은 기피시설들이 대도시 중심 곳곳에 위치해 있는데 이를 수도권 외곽 지역으로 이전할 계획이 세워지고 있다. 구로차량기지뿐만 아니라 수색차량기지, 수서차량기지도 비슷한 상황이다.

차량기지 이전 계획이 수립되면 여러 가지 타당성 검토 이후 이전이 결정된다. 그 기간 동안 주변 생활 환경은 슬럼화가 지속되어 간다. 하지만 일단 차량기지가 이전되고 나면 기존의 도심에서는 찾기 힘든 크기의 빈 땅이 생기는 셈이다. 나아가 이전이 완료되면 도심이라는 특성상 개발은 더욱 탄력을 받을 것이다. 이제까지 기피시설 근처로 슬럼화되던 주변 일대 지역 또한 영향을 받는 것은 물론이다. 그러므로 이러한 호재가 있는 지역을 주시하며 과연 주변 지역 어디까지 영향이 미칠지, 그와 관련해 포착할 수 있는 기회가 무엇일지 예측할 필요가 있다.

수색과 수서

수색은 도시기본계획 상 서북권 7대 광역중심이며 수서는 동남권 12대 지역중심으로, 장기적인 안목으로 보아야 할 핵심 지역이다. 수색과 수서 지역의 공통점은 철도차량기지 이전 이슈가 있다는 것이다. 대체 부지가 확보되지 않아 표류 상태이지만 이전 계획을 전제로 도시계획이 수립되고 있으므로 시간이 걸리더라도 이전은 실현될 것이다. 방식은 공공 참여 개발로, 우리가 관심을 가져야 할 것은 이 지역 개발이 시작되면 반사 이익을 얻게 될 주변 지역이다.

서울시가 발표한 보도자료인 '수색역세권 개발 본격화… 단절된 상암·수색 잇는다'를 보면, 수색교부터 DMC 역사에 이르는 일대가 개발되며 1단계는 DMC역에 중심 상업 시설을 도입하는 복합개발이다. 수서의 경우 타당성을 심사하는데 그 조사용역의 범위가 수서차량기지, 서울 강남구, 경기도 성남시 등이다. 경기 남부에서 강남을 잇는 교통 라인으로 문정, 세곡, 가락시장 등과도 인접해 있다. 수서차량기지가 이전되면 그에 이어 수서 역세권이 개발될 예정이다.

이 지역에 관심이 있다면 보도자료 및 업데이트되는 도시계획들을 주시하

자. 처음에는 어려운 용어들이 많아 읽기가 힘들 수 있다. 하지만 큰 숲을 보아야 그 안에서 길을 찾을 수 있는 법이다. 지속적으로 읽고 정보를 수집하면서 분석하다 보면 정말 기회가 왔을 때 나아가야 할 길이 보일 것이다.

창동·상계

창동·상계 지역은 서울의 대표적인 베드타운이다. <2030 서울플랜>에서 7대 광역중심으로 선정된 이 지역을 서울 동북권 광역중심 거점으로 재생시키고자 하는 것이 바로 '창동·상계 신경제중심지 조성사업'이다. 이곳의 특징은 창업·일자리 창출 거점이란 목표에 있다.

동북권 지역 경제의 거점 시설로 건립 중인 복합시설의 이름은 '창동 아우르네Aurne'이다. 이곳에 들어설 동북권창업센터, 청년층 주거지원시설, 중장년층 50+북부캠퍼스는 중장년층과 젊은 창업가들이 새로운 계획과 인생을 재설계할 수 있는 곳으로 기획되었다. 창동·상계 도시재생사업의 마중물 사업이기도 한다. 창동역 환승주차장 부지에는 '창동 창업 및 문화산업단지가칭' 또한 들어설 예정이다. 최고 49층 규모에 300개의 기업이 입주할 수 있으며, 창업창작 공간도 792실에 달한다.

이들은 일자리 창출이라는 공통 목표 아래 각각의 특색을 가지고 있다. 창동 아우르네는 창업 중심의 공간으로 활용될 예정이며, 창동 창업 및 문화산업단지가칭는 창업 엑셀러레이팅 공간창업+교육+전시 및 마케팅과 창업·창작 레지던

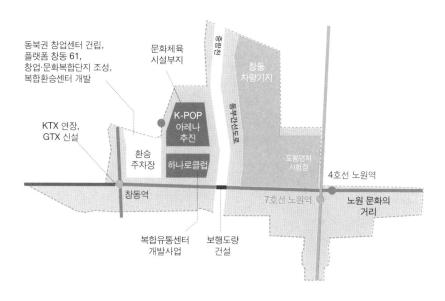

창동·상계 신경제중심지 도시재생지역

동북권 창업센터 건립,
플랫폼 창동 61,
창업·문화복합단지 조성,
복합환승센터 개발

문화체육
시설부지

중랑천

창동
차량기지

KTX 연장,
GTX 신설

K-POP
아레나
추진

동북권간선도로

환승
주차장

하나로클럽

도봉면허
시험장

4호선 노원역

창동역

7호선 노원역

노원 문화의
거리

복합유통센터
개발사업

보행도량
건설

스 공간1인 청년창업자, 문화예술인 등이 거주하면서 창작활동을 병행하는 곳으로 계획되어 신축 공사가 진행 중에 있다. 플랫폼 창동61, 서울 아레나 등과 연계하여 음악과 최신 트렌드가 집약된 복합문화공간으로 활용한다는 계획이다. 복합문화공간은 여러 가지 요소들이 함께 공존하며, 공유하는 공간이다. 이처럼 창동·상계 일대는 창동 아우르네, 플랫폼 창동 61, 창동 아우르네와 연계하여 동북권 신경제 중심지로 변화될 날을 기다리고 있다.

한편, 이곳에도 차량기지 이전 이슈가 있다. 수도권 전철 4호선의 차량사업소인 창동차량기지의 개발 방안이 2020년 2월 발표되었는데, 창동차량기지와 도봉면허시험장이 이전하고 난 자리에는 서울 바이오메디컬 클러스터가

들어설 예정이다.

대형 개발 계획이 인근 지역에 미치는 영향은 크다. 단편적인 예로 스타필드, 이케아, 종합병원 같은 문화복합시설, 생활 인프라 시설 등이 들어선 지역들을 생각해보면 이해가 갈 것이다. 창동·상계지역은 신경제중심지로 계획되어 개발이 진행 중이다. 이는 주간활동인구가 집약적으로 모일 수 있는 공간이 된다는 뜻이다. 주간활동인구가 증가하면 소비가 증가하게 되며, 상권이 활성화될 것이다. 창동·상계 도시재생사업은 이제 첫 단추를 끼웠다. 앞으로 이지역이 얼마나 활성화될지 확언할 수는 없지만, 발표된 개발 계획을 비춰볼 때 관심 있게 지켜봐야 할 지역이다.

투자의 힌트 ②
발전소 등 기피시설이 이전하는 지역

부동산 시장의 구조적 변화를 이용해 내 부동산의 가치를 높이려면 주위 환경 변화의 흐름을 미리 예측할 수 있어야 한다. 당인리 화력발전소는 수명이 다해감에 따라 2004년부터 이전·활용 방안에 대한 논의가 시작되었다. 2008년 3월 당시 문화체육관광부장관 유인촌 주관으로 관계기관, 민간전문가, 시민들과 함께 당인리 서울화력발전소의 문화창작발전소 조성에 관한 의견을 수렴하기 시작했다.

당인리 서울화력발전소는 1930년 국내 최초로 건설된 화력발전소로 귀중한 '산업유산'으로 역사적 가치를 가지고 있다. 하지만 시간이 흘러 현재의 주변 환경과는 어울리지 않는 모습으로 남아 있어 이곳을 어떻게 이용할 것인가에 대해 고민하기 시작하였다. 관계기관은 이전을 요구하고 있었고, 한국중부발전·한국전력 측은 발전시설을 지하화하고 지상을 문화공간으로 변경하려

하는 입장 차이가 존재했다. 결국 이전 계획은 타 지역의 반대로 무산되고, 지화하는 것으로 결정되었다. 관계기관과 한국중부발전·한국전력의 공통된 의견은 이곳이 산업화의 상징이며, 산업문화유산이므로 문화 공간으로 재탄생시키자는 것이었다.

당시는 산업문화유산에 대한 개념적 이해를 가지고 도시재생에 대하여 적극적으로 참여하던 시기는 아니다. 그럼에도 이 같은 방향이 정해지자 2012년 12월에는 4·5호기에 관해 문화창작발전소 조성을 위한 관계기관·정부·사업자 협약을 체결하였고 2013년 2월 당인리 문화창작발전소 조정에 대한 기본구상을 시작으로 세미나, 공원화 조성 설계 공모, 서울화력발전소 주변 지역 종합발전계획 수립 용역 등이 일사천리로 진행되었다. 이런 흐름은 관계기관 보도자료를 통하여 알 수 있다.

당인리 문화창작발전소의 개발 계획은 부동산 시장에 곧장 파동을 미쳤다. 즉, 지가 상승으로 이어진 것이다. 2017년 3월 <조선비즈>의 기사 제목은 다음과 같았다. "공원되는 당인리 발전소를 보는 엇갈린 시선… 투자자 들썩, 자영업자 고^高임대료 걱정."

당안리 발전소가 문화복합시설로 변화되는데 '왜' 투자자와 자영업자들의 관점이 달라지며, 서로 이해가 상충되는지를 이해할 수 있어야 한다.

가장 먼저 당인리 발전소의 지리적 위치 때문이다. 이곳은 합정, 홍대, 상수로의 접근이 용이하다. 2030 세대 활동인구가 많은 지역이며, 한강을 바라보면서 즐기는 대형 복합문화시설로 변화되는 곳이다. 합정, 홍대, 상수의 상권이 발달함에 따라 임대료가 저렴한 당인리 발전소 근처까지 피해 온 자영업자들은 불안하고, 기존 홍대 상권에 남아 영업하고 있는 자영업자들의 마음도 편치 않을 것이다.

한편, 지하화 계획이 발표되는 순간부터 지가는 꾸준히 상승하였다. 발전소는 모든 사람들이 싫어하는 시설이기 때문이다. 일례로 영국 런던의 테이트모던Tate Modern 화력발전소는 기피시설을 훌륭하게 재생시킨 사례이다. 당인리 발전소도 이 같이 리사이클링되는 청사진이 발표되자 투자수요가 몰려들었던 것이다.

반복적으로 이야기하지만 부동산 호재는 어느 날 갑자기 생기지 않는다. 개발 계획에 대한 정보는 비공개 정보가 아니라 누구나 찾아볼 수 있는 곳에 공개되고 있다. 물론 비공개되는 문서가 있다. 공개됨으로써 지역에 미치는 영향이 클 수 있다고 판단되거나, 아직 구체화되지 않은 정보들이다. 당인리 발전소 이전에 관한 밑그림이 그려지자마자 지가가 올랐다는 것은 주시하는 사람들이 그만큼 많았다는 이야기라 하겠다.

당신은 투자할 곳을 찾기 위해서 과연 어떤 노력을 하고 있는가? 이에 대해 생각해보기 바란다. 지역에 대한 분석이 끝난 투자자들은 의사결정에 필요한 최종 정보가 공개되면 결정하고, 실행한다. 우리가 가장 빨리 접하는 정보는 언론을 통해 나온다. 이 신호를 잘 탐지하고, 성공적으로 구별해야 한다. 정보 중에서도 적중할 수 있는 신호와 실패할 수 있는 가짜 신호를 명확하게 분별할 줄 알아야 한다.

공장, 공단, 차량기지, 발전소 등의 대형 기피시설을 이전하는 것은 쉬운 일

당인리 발전소 인근 변화 중인 주택가의 모습

이 아니다. 진행 속도가 느린 것이 당연하다. 그래서 관심을 늦춘 채 잊고 지내다 보면 몇 해가 지나서 문득 "아니, 여기가 이렇게 변했어?"라며 깜짝 놀라는 일이 생기게 된다. 그제야 알아보면 지가는 이미 상승하여 '진작 알아볼 걸'이라는 진한 아쉬움만이 남는다.

도심 속 각종 기피시설들은 곧 사라질 수밖에 없는 운명임을 알고 관심을 놓지 않는 것이 중요하다.

당인리 상권 또한 시대의 흐름에 따라 변화될 수밖에 없는 지역이다. 당인리 발전소 인근의 빌라, 단독주택, 공장 등은 이미 레스토랑, 카페, 꼬마빌딩 등으로의 변신을 시작했다. 공사가 마무리되면 한강변에 거대한 공원이 조성된다. 당인리는 12지역중심 중 서북권의 마포·공덕에 포함되며 신촌과도 인접해 있어 그 영향이 어디까지 미칠지도 생각해볼 일이다.

투자의 힌트 ③
노후한 산업·상업 중심지역

세운상가 하면 가전, 용산 하면 전자제품, 장한평 하면 중고차, 충무로·을지로 하면 인쇄… 30대 이상이라면 이름만 들어도 관련 산업이 연상되는 대표적인 지역들이다. 이들 지역의 공통점은? 한때 특정 산업의 메카로 명성을 떨쳤으나 지금은 쇠락하여 도시재생이 시급한 지역이라는 점이다.

특히 세운상가는 도시재생 이슈의 한가운데 서 있다 해도 과언이 아니다. 세운상가는 사실 종묘에서부터 시작하여 세운상가 충무로에서 끝나는 진양상가 약 1km의 거대한 주상복합단지이다. 1967~1972년까지 세운상가를 시작으로 현대, 청계, 대림, 삼풍, 풍전, 신성, 진양상가 등 7개의 건물이 세워졌다. 현재는 세운상가, 청계상가, 삼풍 및 풍전호텔리모델링됨, 신성상가, 진양상가로 이어진다. 서울의 한 중심에 무려 쉰 살이 넘은 상가 건물이 거대하면서도 쇠락한 모습으로 자리 잡고 있어, 서울 시내 최대 슬럼이라는 오명도 얻었다.

세운상가 일대(출처 : 서울시)

세운상가 일대라 하면 세운~진양상가 인근 지역을 말하는데, 특히 청계천과 을지로 일대가 포함된다. 2006년 43만 8,585㎡가 세운 재정비촉진지구로 지정되었는데 당시의 계획은 상가 건물을 모두 철거하고 최고 36층의 랜드마크를 만들되 기존 상가를 따라 1km의 초록띠 공원을 만들겠다는 것이었다. 그 여파로 2008년에 현대상가는 철거되었다. 이후 계획은 표류하다가, 2012년 철거 계획이 취소되었다.

지금도 잡음이 많은 곳으로 관련 뉴스가 계속해서 들려오는 지역이다. 전면적인 개발은 여러 난관에 부딪힐 듯하나, 그 덕분에 우리에게는 아직 상상력을 발휘하고 숨어 있는 가치를 찾을 수 있는 도심 속 공간이 남아있는 셈이다. 실제로 을지로의 낡은 상가 건물 곳곳이 청년 사업가들에 의해 변신하면서 소위 '힙'한 곳으로 인기를 끌고 있는데 여기서 힌트를 얻을 필요가 있다.

세운상가 일대인 을지로와 성수동, 문래동의 공통점은 제조업 공장들이 주를 이룬다는 것이다. 방직소, 철공소, 인쇄소 등 화려한 도심 속 슬럼이 된 곳이지만 젊은 투자자들에게는 가능성의 공간이 될 수 있다. 이를 테면 다음과 같은 아이디어로 말이다.

낡은 콘크리트 건물에 묻은 손때를 세월의 멋으로 승화시키는 아이디어

녹슨 기계에 깃든 감성과 디지털 콘텐츠를 결합하는 시도

건물이 품고 있는 개인들의 미시사(史)를 통해 오래된 미래를 복기하는 경험

이 같은 공간 기획은 죽어있던 골목에 사람을 모이게 하고 생명을 불어넣는다. 소액을 투자하더라도 상상력의 크기가 자본의 빈틈을 메울 수 있는 곳이 바로 노후한 산업과 상업 지역이다. 이런 곳에 무궁무진한 가능성이 있음을 우리는 지금까지 목도해왔다.

어떤 콘텐츠로 채우느냐에 따라
부동산의 가치와 활용성은 완전히 달라질 수 있다

현재 세운상가 일대의 도시재생 방향은 개발·정비에서 보전·재생으로 변경됐다. 152개 정비구역을 해제 후 도심제조산업 허브단지로 재생시킨다는 계획

죽은 상가에서 사람들이 모여드는 트렌디한 루프탑으로 변모한 세운상가

이다. 이 지역의 정체성과 역사성을 최대한 살리며 도심 제조업을 활성화하는 것이 목표로, 창업 인큐베이터로서의 역할도 한다. 그 중심이 되는 세운상가는 '다시 세운 프로젝트'가 일부 마무리되어 활력을 찾고 있다. 과거와 현재가 공존하며 독특한 공간으로 변화되었는데, 대표적인 것이 '다시 세운 보행교'이다. 세운·청계·대림상가를 하나의 공간으로 재탄생시킨 보행교, 초록띠 공원과 약 1,500㎡ 면적의 완만한 경사광장인 '다시 세운 광장'은 사람들의 이목을 끌기에 충분했다. 여기에 젊은 창작, 문화, 예술인들이 입주하여 주변 환경과 대비되는 독특한 공간이 연출되었다. 부동산의 가치는 사람들이 모여 그 공간을 소비할 때 극대화된다는 것을 잊지 말자.

서울시 중구청 지원사업으로 대림상가를 청년 상업인들에게 임대한 것도 좋은 효과를 불러왔다. 독특한 콘텐츠를 가진 청년 상업인들이 공간을 재해석하였는데 카페 콘텐츠로는 '호랑이', '런던케이크 숍', 식당 콘텐츠로는 '그린다

방'이 대표적이다.

누차 강조하건대 공간의 재해석은 앞으로 더욱 중요한 부동산 투자의 요인이 될 것이다. 부동산을 사용하는 형태가 변하고 있기 때문이다. 다시 말해 소비하는 공간, 사용하는 공간, 느낌으로 즐기는 공간으로 부동산의 활용성이 변화하고 있는 것이다. 어떤 콘텐츠와 결합하느냐에 따라 부동산의 가치는 무한대로 변화할 수 있으며, 가치는 가격에 반영된다.

이에 반해 세운상가 주변은 슬럼화된 주변 환경으로 인해 여전히 사람들이 찾지 않는 곳이다. 과거의 영광은 뒤로하고, 사람들의 기억 속에서 잊힌 지 오래다. 그랬던 곳들이 오래 묵은 먼지를 털고 세상 밖으로 나올 시기가 머지않은 듯하다. 2020년 3월 해제된 152개 정비구역은 이제 주민협의를 통한 재생 방식의 관리로 전환된다. 기존 생활 인프라를 보강하고, 주차장을 확보하며 도로와 보행 환경을 개선하는 한편, 서울시는 이 지역의 건축규제를 완화하며 건축협정 등을 지원함으로써 소규모 재생 개발에 힘을 실어줄 예정이다. 핵심 방향은 도심 속 제조산업의 허브 단지로 만든다는 것이다. 산업거점공간 8곳이 새롭게 조성되며 기계·정밀, 산업용재, 인쇄 등 구역별 산업입지 특성을 반영한 공공임대복합시설, 스마트앵커시설 등이 들어선다. 이 계획이 성공하여 많은 일자리가 생긴다면 사람들이 모일 것이고, 사람들이 모이면 상권은 활성화될 것이다.

세운상가 일대의 가치 변화가 점쳐지는 가운데 이미 주변 상권에 그 영향이 미치고 있다. 임대료 상승 움직임이 있는 것이다. 세운상가의 임대료 인상폭은 서울시 주도 하에 당분간 제한되어 있으나, 시간이 흐르면 어떻게 될지 모른다. 가로수길, 경리단길, 홍대 연남동 등 지역 특색의 콘텐츠가 들어서며 호황을 맞았던 많은 곳들이 높아진 임대료로 젠트리피케이션을 겪었고, 지금도 사회문제가 되고 있다.

현재까지 세운상가의 성적은 나쁘지 않다. 적어도 흥행에는 성공한 듯하다. 하지만 앞으로 어떻게 될지 모른다. 이곳이 서울시가 계획한 방향대로 도심 제조업 허브로 안정되고, 주변 환경이 재생된다면 볼거리를 찾아 단순하게 유입되는 인구의 증가가 아닌 주간활동인구가 증가될 것이다. 세운상가를 기점으로 을지로 일대가 다가올 미래에 어떤 모습으로 재생될지는 우리의 손에 달려있다. 시민 주도의 민간 개발이 주가 되는 만큼 개발 주체와 주민들, 그리고 이곳에 애정을 가진 시민들이 함께 무엇을, 어떻게 하느냐에 따라 달라질 것이다.

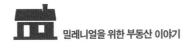

혼자만 잘나면 되는 부동산은 없다 :
위치한 환경이 중요한 이유

강원도 양양에 백화점을 지어야 할까, 아니면 숙박 및 레저 시설을 지어야 할까? 누구나 다 아는 이야기이지만 정작 자신의 일이 되면 놓치기 쉬운 부분이다. 부동산의 활용과 관련해서는 주위의 부동산으로 인한 영향이 절대적이므로 이 점을 고려해야 한다. 주위의 부동산은 내 것이 아니다. 마음대로 할 수 없는 것이다. 구입 예정지 또는 소유하고 있는 부동산의 가치를 높이려면 주위 환경을 신중히 살펴봐야 한다. 부동산을 구입할 때는 첫째도 입지, 둘째도 입지, 셋째도 입지라는 것은 이런 이유 때문이다.

이때 전제 조건이 되는 사실, '주위 부동산은 시간의 흐름, 환경에 따라 변화한다'는 것을 인지해야 한다. 도심 지역의 경우 노후된 시설이라 해도 재개발, 재건축으로 입지 조건이 변할 수 있고, 농지(전, 답)로만 이용하던 내 토지와 그 주변 지역이 도시계획시설로 지정되어 그곳에 도로가 개설될 수도 있고, 주위가 개발되어 타운하우스(전원주택단지)로 조성될 수도 있다. 또는 기피시설(쓰레기매립장, 장례식장 등)이 들어설 수도 있는 것이다. 즉, 주변 부동산의 활용 방법은 끊임없이 변화하며 그에 따라 내 부동산도 영향을 받을 수밖에 없다. 예를 들어 내 땅 주변은 모두 밭으로 이루어져 있어 내 땅도 밭으로 이용하는 수밖에 없었는데, 어느 날 도로가 건설되더니 내 땅 바로 옆을 지나가게 되었다. 그렇게 되면 내 땅을 주유소나 휴게소 등 보다 유용한 용도로 이용할 수 있게 되므로 갑자기

땅값이 높아지게 된다. 또 다른 예를 들어보자. 낙후된 지역에 고급주택을 지어 분양을 한다면 과연 고급주택으로서의 가치를 인정받을 수 있을까? 비싼 재료를 사용했다고 해서 원하는 가격을 형성할 수 있는 것은 아니다. 이처럼 주위 환경은 부동산 가격에 큰 영향을 미치므로, 현재만을 보는 것이 아니라 미래는 보는 시각을 키우는 것이 중요하다.

미래를 보는 시각을 키우기 위해서는 도시기본계획을 보는 것부터 시작한다. 도시기본계획에는 도시가 앞으로 어떤 모습으로 바뀌어갈지 그 방향이 제시되어 있다. 도시가 어느 날 갑자기 새 옷을 갈아입듯 탈바꿈할 수는 없는 일이다. 모든 것은 절차와 논의를 거쳐 차근차근 진행된다. 도시기본계획의 중요성에 관해서는 지금까지 누누이 설명한 바다. 그러나 많은 사람들이 그 흔한 보도자료조차 읽어보려 하지 않는다. 도시기본계획의 내용이 행정적 용어로 기재되어 있고, 공법 체계로 작성되어 있으니 처음 접하는 분들은 어렵게 느껴지는 것이 당연하다. 법률적 용어와 행정적 용어가 섞여 있어 외계어처럼 보일 것이다. 이는 필자의 전작 《부동산 유치원》에서도 언급한 내용이다. 부동산 용어만 알아도 50%는 먹고 들어가는 것이다.

도시기본계획에 대한 지식이 없더라도, 현재 살고 있는 지역부터 확인하는 것으로 부동산 투자의 첫걸음을 내디뎌보자. 시작이 중요하다. 많은 사람들이 부동산 학원, 책, 유튜브 등을 찾아다니며 부동산에 입문한다. 어떠한 분야든 이론이 바탕되어야 하지만 경험하지 않으면 이론은 이론일 뿐, 노하우가 될 수 없다. 이론과 실전은 다르다. 실전으로 터득한 지식은 몸이 기억한다. 몸이 기억하는 지식을 습득해야 한다. 부동산에 관심을 가지고 질문을 계속 생산하며, 스스로 그에 관한 답을 찾아야 하는 것이다.

지금까지 여러분은 필자와 함께 새로운 부동산 투자의 방향, 비전, 지역에 관하여 알아보았다. 만약 당신이 소규모 재생사업을 염두에 두고 그에 관한 지식과 안목을 갖췄다면, 그리고 관심이 가는 지역이 있어 본격적으로 사업을 고민한다면 무엇을 해야 할까? 지역 분석 다음에는 어떠한 공부를 해야 하며, 무엇을 준비해야 하는가? 4장과 5장에서는 이에 관해 상세하게 설명하겠다.

넷째, 리모델링과 신축으로
새로운 가치를
덧입혀라

STEP 4 _ 준비와 수행

부동산의 숨은 가치를 찾아
극대화하기 위해 알아야 할 것들

부동산은 소유자에 의해 이용된다. 소유자가 직접 이용할 수도 있고, 임대를 줄 수도 있고, 새로이 신축하거나 리모델링할 수도 있다. 중요한 것은 부동산 가치를 높이는 방향으로 결정해야 한다는 점이다. 그 구체적인 방법을 살펴보기에 앞서, 먼저 부동산의 가치와 가격에 영향을 미치는 요인들부터 살펴보자.

부동산의 활용 공간은 정해져 있다

대한민국의 국토는 이용할 수 있는 면적이 한정적이다. 부동산을 개발하고 이용하는 방법은 정해져 있으므로 내 땅, 내 건물이라고 해서 마음대로 할 수 없다. 전국의 부동산은 용도지역으로 나눠져 있으며, 같은 행정구역 안에 있는 부동산이라도 용도지역, 지구, 구역에 따라 부동산을 활용할 수 있는 가치가 다르게 형성되며 가격에 영향을 미치게 된다. 이 점을 놓쳐서는 안 되지만 사실은 많은 사람이 간과하곤 한다.

예를 들어 당신이 8차선 대로변에 있는 건물의 소유주라고 해보자. 이 물건을 매도하기 위해 당신은 도로가 넓다는 이유로 비싸게 팔려고 할 것이다. '대로변에 위치하면 당연히 좋은 것 아닌가?' 생각할지 모르겠다. 하지만 대로변의 이점이 도리어 독이 되는 경우가 있다. 차량 통행만 용이하고 유동인구가 없는 곳이 바로 그것이다. 이런 경우 그 부동산의 가치는 골목상권보다 못하다고 할 수 있지만, 이런 부분을 간과하고 부동산 가격을 책정하는 것이 대부분이다.

부동산의 성격을 알아보려면 토지이용규제서비스http://luris.molit.go.kr/web/index.jsp에 접속하여 '토지이용계획'을 확인하자. 부동산의 소재지만 알면 누구나 볼 수 있다.

토지이용계획과 도시기본계획은 밀접한 관계가 있다. 도시기본계획이 확정되면 토지이용계획원에 반영된다. 앞으로 진행될 예정 시설도 같다. 투자 계획이 있다면 반드시 확인해봐야 하는 것이 토지이용계획이다.

토지이용규제서비스에 접속하여 확인하고자 하는 부동산 소재지를 입력하면 옆의 이미지와 같은 토지이용계획을 확인할 수 있다. 확인하고자 하는 부동산의 지목, 면적, 개별공시지가, 지역, 지구가 나온다. 필자가 확인한 지역은 준주거지역이면서 지구단위계획이 수립된 지역이다. 지구단위계획이 수립된 지역은 관계 구청에 규제 내용을 확인해야 한다.

실제로 필자가 2018년 후반기에 공사를 시작하여 2019년 7월에 준공한 곳이 준주거지역이면서 지구단위계획구역에 해당됐다. 지구단위계획구역이 아닌 준주거지역은 정북 방향 일조권 사선 제한51페이지 참고을 받지 않는 지역으로 건축물의 높이에 대한 제한이 주거지역보다 자유롭다. 해당 지역은 지구단위계획에서 건축물 최고 높이를 20m로 제한하고 있어, 기획 시 아쉬움으로 남았다. 각 층별 층고가 높으면 확 트인 개방감이 들고 그 외에도 여러 장점이 있다. 도로 하나 차이로 맞은편 블록은 30m였다. 이처럼 건축물의 건축면적, 높이 등을 법률로 제한하기 때문에 같은 지역 내에 있는 부동산이라도 토지이용규제에 따라서 가치가 달라진다. 투자계획이 있다면 신중을 요한다.

토지이용규제서비스

부동산은 다차원적 공간을 형성하고 있다

면적을 계산할 때 우리는 가로와 세로의 길이를 곱한다. 그러나 부동산은 단순히 가로×세로의 개념이 아니다. 부동산은 다차원적으로 보아야 하며, 그것이 '공간'이라는 사실을 잊어서는 안 된다. 과거에는 부동산을 평면의 개념, 즉 2차원적 개념으로 인식하였다. 이런 개념은 국가가 관리하고 있는 지적관리 형태를 살펴보면 알 수 있다. 토지의 공적장부 토지대장, 지적도를 확인해보면 2차원적인 평면을 기초로 인접 토지의 경계 및 면적 위주로 정리, 관리하고 있다.

IT 기술이 발달하고 건축기술이 발전함에 따라 초고층 빌딩과 대단위 아파트들이 들어서면서 오늘날 부동산은 다차원적인 공간 개념으로 바뀌고 있다. 집합건물인 건물, 아파트 등은 건축물대장, 등기사항전부증명서를 보면 전체 건물의 면적에 해당 호수 면적을 기재하여 각 개별적 독립적 공간으로 관리된다. 즉, 가로×세로^{면적}가 아닌 층으로 이루어진 높이 개념이 포함돼 있다. 이 같은 공간 개념은 산업의 발달, 가구 수의 증가, 생활환경의 변화 등 시대적 흐름으로 인해 점차 확대될 것이다. 공간적 개념의 부동산을 이해해야 남들과 다른 시각을 가지고 접근할 수 있으며, 감각적인 투자를 할 수 있는 것이다.

다차원적 공간 개념은 건축물의 정의를 이해하면 편하다. 건출물은 땅 위에 기둥^벽과 지붕으로 이루어져 있다. 논, 밭처럼 평면이 아닌 입체적으로 구성된 것이다. 땅 전체에 건축물을 신축할 수는 없다. 용도지역별로 건폐율과 용적률로 신축할 수 있는 면적을 제한하기 때문이다. 건폐율로 건축면적을 제한하고,

용적률로 지상층의 사용면적을 제한한다.

2종 일반주거지역의 땅이 330㎡ 인 경우 *이하 소수점 절삭, 구 100평

다른 법에서 규제하는 제한이 없을 시(주차, 정북 방향 일조권 사선 제한 미반영)

2종 일반지역의 건폐율 60%, 용적률 200%

→ 건축면적은 최대 195㎡ (구 59평)

연면적(지하층 면적 제외)은 657㎡ (구199평), 3층 이상으로 신축이 가능하다.

건폐율과 용적률, 용도지역에 대한 개념적 사고를 이해하여야 공간에 대한 이해를 할 수 있으며, 리모델링이든 신축이든 의사결정을 할 수 있다. 용어가 어렵고 복잡해 보이지만 부동산 투자를 위해서는 반드시 알고 넘어가야 할 내용들이다. 설명하기 시작하면 긴 지면이 소요될 것이므로 이 책에서는 스스로 공부하길 당부하며 넘어가도록 하겠다.

부동산을 투자재로써 보는 연습을 하자. 부동산에 투자하기 위해서는 살얼음 판 위를 걷는 것처럼 신중하고, 또 신중해야 한다. 부동산은 가까운 곳에서 보고, 멀리서도 보아야 한다. 그리고 깊숙이 보아야 한다. 부동산은 눈으로 보는 것이 중요하지만, 사실은 눈에 보이지 않는 것내지된 가치이 더 중요하다.

부동산은 멀리서 넓게 보아야 한다

부동산에 투자하기 위해서는 부동산 시장 동향을 파악하는 것이 중요하다. 본인이 원하는 지역을 선정해야 한다. 탑다운Top-Down 방식으로 시, 군, 구, 동으로 지역을 좁혀가며 그 지역의 시장 동향을 파악하는 동시에 정보를 수집해야 한다. 본인이 잘 아는 지역을 선정하여 먼 곳부터 점점 대상 지역을 좁혀나가자. 너무 가까운 곳부터 파악하면 큰 숲을 보지 못하게 될 수 있다.

① 지도 어플(서비스)을 적극 활용하라

관심 지역을 빠른 시간 이내에 습득할 수 있는 방법은 지도를 활용하는 것이다. 포털 사이트에서 제공하는 지도 서비스를 이용하면 각종 정보를 한 번에 확인할 수 있어 편리하다. 또한 탑다운을 적용하기도 좋다. 예를 들어, 이사할 곳과 직장과의 거리를 확인할 수 있으며, 주변 편의시설, 교통편 등도 미리 파악할 수 있다. 또 상권분석에 활용할 수도 있다.

② 반드시 찾아가서 주변을 걸어보라

지도 서비스를 이용해 미리 주변 입지에 대한 기초자료를 수집한 후에는 해당 지역을 직접 찾아가서 탐문해야 한다. 현장을 꼭 확인해야 하는 이유는 무엇일까? 주변 부동산이 이용되고 있는 현황을 눈으로 인지하고 도보생활권을 확인하는 것이 중요하기 때문이다. 해당 지점으로부터 반경 1km 내의 주위 환경을 확인해야 한다.

③ 도시기본계획을 확인하라

큰 숲을 보기 위해 도시기본계획에 대한 이해가 필요하다. 서울특별시는 도시기본계획 권역을 5개 권역, 즉 동북권·도심권·서북권·서남권·동남권으로 나누고, 2030 서울플랜을 바탕으로 생활권계획에서 '권역별 구상'을 구체화했다. 또한 발전 목표와 관리 방향을 제시하고 있다. 이와 관련해서는 3장에서 설명했으니 참고하기 바란다.

부동산은 가까이서 보아야 한다

살까 말까, 의사결정을 할 때는 반드시 그 현장Site 바로 앞에서 깊숙하게 검토해야 한다. 주위 상권이 활성화되어 있어 편의시설이 잘 갖춰진 지역이라도 매입하려는 현장의 관점에서 보면 다른 부분이 발견될 수 있다. 거리상으로는 편의시설과 멀지 않으나 주변 상권 외곽에 위치하고 있다면 이용하기 불편할 것이다. 사용재와 투자재, 두 가지의 관점에서 보아야 한다. 이것을 확인하기 위해서 반드시 현장의 눈으로 직접 확인해야 하며, 주변 지역 부동산의 이용 형태를 가까이서 깊게 보아야 하는 것이다.

부동산에는 쌍둥이가 존재하지 않는다. 부동산학자들은 공통적으로 면적과 위치가 동일한 부동산은 존재하지 않는다고 주장한다. 현장을 중심으로 주위 부동산 이용 현황은 그 물건의 가격 형성에 적지 않은 영향을 준다. 또 하나, 현장을 자주 가보면 그 지역만의 고유 특성과 임대차 가격 등의 정보를 얻을 수 있다. 이는 부동산의 특성 중 '개별성' 때문이다. 이 특성으로 부동산 가격에는 절대적 기준이 있을 수 없다는 것이다. 즉, 부동산은 동일성을 유지하기 어려우므로 일물일가──物─價, law of one price 법칙을 적용하지 않는다. 일물일가의 법칙이란 동일한 시장, 동일한 시점, 동일한 재화와 서비스에 대해서 언제나 하나의 가격만이 성립한다는 원칙이다. 다시 말해 같은 재화나 서비스는 가격이 같아야 한다는 것이다. 이는 완전 경쟁 시장에서 적용될 수 있다. 그러나 부동산의 경우 행정구역 상 같은 동에 위치하고 있는데도 방향, 모양, 용도 등에 따라 가격이 다르다. 최종 의사결정 전 유사한 부동산 2개 이상을 비교하고 분석·평가한 후에 판단해야 하는 이유다.

부동산 가격 형성에는 확실한 흐름이 있다

투자의 핵심은 수익창출보다 지키는 것, 즉 방어에 목적이 있다. 먼저 이 점을 염두에 두고 다음 이야기를 이어나가보자.

투자의 최종 목표는 높은 투자이익을 창출하는 것이다. 가격의 흐름을 파악할 수 있다면 변수가 발생했을 때 대처할 수 있다. 과거부터 현재까지 우리나라의 부동산 경기 패턴을 보면 가격 상승 기간은 짧고, 가격이 하락되거나 보합세를 보이는 기간이 긴 특징을 보였다. 앞으로 부동산의 가격 흐름을 명확히 알고 이에 대처해야 실패하지 않고 높은 투자이익을 달성할 수 있다.

'그렇다면 과거 패턴에 비춰 부동산 가격의 변동을 예측할 수 있지 않을까?'

부동산 가격의 요소 : 희소성, 유용성, 유효수요

부동산 가격을 경제적 관점에서 살펴보면 경제재와 동일하게 상대적으로 희소성과 유용성, 유효수요가 존재하므로 이런 요소에 의해 발생된다고 할 수 있다.

부동산의 상대적 희소성이란 왜 발생하는가? 우리나라의 면적이 한정되어 있기 때문이다. 공급 측면에서 한계가 있기 때문에 희소성의 개념이 중요하다. 희소성이 없는 부동산은 가치가 형성되지 않는다. 희소성이 가치 발생에 미치는 영향이 그만큼 크다고 볼 수 있다.

유용성은 사용할 수 있는 가치를 보는 것이다. 사용 목적에 따라 주거, 상업, 교육, 연구 등 부동산을 통하여 인간이 활동할 수 있는 공간이어야 한다.

유효수요란 실질적으로 구매할 수 있는 수요이다. 희소성과 함께 부동산 가치를 형성하는 중요한 요소이다. 구매할 수 있다는 것은 가격을 지불할 수 있다는 뜻이며, 국가의 경제 상황 변화에 영향을 받는다.

라는 의문이 생길 것이다. 가격 흐름을 알기 위해서는 우선 부동산의 가치를 알아야 한다. 가치란 무엇인가? 누구나 다 아는 상점, 다이소를 예로 들어보자. 다이소가 내세우는 가치는 '다이소만의 핵심 경쟁력으로 고객에게 최고의 가치를 제공'한다는 것이다. 고객들이 생각하는 다이소의 가치는 무엇인가? '왜' 다이소는 매년 성장하고 있는가? 판매되는 상품들이 가격 대비 니즈를 충족시켜주기 때문일 것이다.

부동산도 상품이다. 부동산에 가치가 생겨야 가격이 형성된다. 그럼 부동산의 가치Value는 어디서 발생하는가? 그리고 부동산의 가격Price은 어떻게 형성되는가? 이 질문들에 관해 고민해봐야 한다. 부동산의 가격은 일정한 방향으로 가고 있다. 과거에도 그랬고 현재도 동일하게 흘러가고 있다. 이 문장이 의미하는 바가 무엇인지 곱씹어보기 바란다.

낡은 집, 얼마를 주고 사야 적절한 가격일까?

부동산의 진짜 가격은 얼마일까? 부동산을 구입 또는 매각해본 경험이 있는 사람이라도 이런 질문은 해본 적이 거의 없을 것이다. 대부분의 사람이 부동산 중개업소를 통하거나 또는 직거래 방식으로 거래하며, 부동산 거래 전에 시세 조사를 하는 데만 집중한다. '왜', '어떻게' 가격이 형성되어 있는지에 관해서는 알려고 하지 않는다. 다들 시세를 기준으로 싸다, 비싸다 구별할 뿐이다.

가격에 대한 궁금증을 풀려면 우선 그것이 어떻게 만들어지는지부터 알아봐야 할 것이다. 자, 부동산 가격은 어떻게 형성되는가? 결론부터 말하자면 절대적 기준은 없다! 거래 당사자들의 합의에 의해 가격이 형성된다. 생필품처럼 정찰제가 존재하지 않는 것이다. 분양 시에는 분양 가격이 책정되어 있지만 그 가격은 기업의 원가＋이윤이다. 분양이 되고 나면 가격은 또다시 여러 가지 요인에 의하여 변동된다. 이런 이유로 부동산 가격에 '절대적' 기준은 존재하지 않는다.

그렇다면 우리가 주목하는 낡은 집그러면서도 가치가 내재된 집의 진짜 가격은 얼마일까? 어느 정도 주고 사야 진짜 가격에 맞는 적정가라고 할 수 있을까?

NOTE

감정평가 가격은 주로 금융기관에서 대출심사를 위한 대출감정, 법원경매 매각 가격 산정을 위한 법원감정, 상속·증여세를 판단하기 위한 조세감정 등에 사용된다.

부동산의 적정 가격을 확정적으로 판단할 수는 없다. 하지만 추정할 수는 있다. 부동산 감정 가격을 활용하는 것이다. 부동산의 가격은 감정평가기관에서만 공식적으로 판단할 수 있다. 즉, '절대'라는 것이 없는 부동산 가격과 관련해 그것을 확정할 수 있는 곳은 감정평가기관이 유일하다. 감정평가 가격은 실제 시장 가격과 일치하기도 하고, 그렇지 않은 경우도 있다. 감정 시점, 감정 원인, 시장 상황에 따라서 차이가 날 수도, 비슷할 수도 있는 것이다. 이렇듯 부동산의 가격을 판단·추정하는 것은 매우 어려운 일이다.

그런데 그 어려운 일이 가능한 경우가 있다. 빈집이나 공터를 리모델링 혹은 신축한 뒤, 올라간 비용을 통해 부동산 가격 중 가치의 비중을 유추할 수 있다. 얼마 전 케이블 방송에서 방영된 <홈데렐라>라는 프로그램에서 4억 5천만 원 상당의 가치 상승을 일으킨 리모델링 사례가 소개되었다. 리모델링 전과 후의 가격 차이가 이처럼 극명하게 나타난다면, 확정적으로 환산할 수 있는 것은 아니지만 상승된 만큼의 가치가 가격에 더해진 것으로 판단할 수 있을 것이다.

부동산의 가치를 상승시킬 수 있는 방법은 앞선 2장디테일과 관련된 내용에서 설명하였다. 방법은 하나가 아니므로 '왜', '무엇을', '어떻게' 해야 하는지 고민하고 실행해보기 바란다.

리모델링 vs. 신축 ①
도시재생에서 더 유리한 것은?

건축법에서는 신축과 리모델링에 관해 다음과 같이 정의하고 있다.

신축이란?

건축물이 없는 대지(기존 건축물이 철거되거나 멸실된 대지를 포함)에 새로 건축물을 축조하는 것을 말한다. 다만, 부속 건축물만 있는 대지에 새로 주된 건축물을 축조하는 것을 포함하되, 개축 또는 재축하는 것은 제외한다.

리모델링이란?

건축물의 노후화를 억제하거나 기능 향상 등을 위하여 대수선하거나 일부 증축 또는 개축하는 행위를 말한다.

리모델링의 강점은 신축 대비 높은 경제성이다. 과거보다 건축법이 강화되어 기존 건물을 멸실[철거]하고 신축 시 기존 건물의 연면적보다 작아지는 경우가 많이 있다. 리모델링의 필요성이 가장 대두되는 곳은 기존 건축물을 멸실하면 신축이 불가한 곳이다. 이런 곳은 리모델링이 대안이다.

신축 또는 리모델링 중 무엇을 택할지 결정하려면 어느 쪽을 선택했을 때 경제적 이익이 더 큰가를 비교해야 한다. 무조건 신축, 아니면 무조건 리모델링을 해야 한다가 아니다. 현장마다 그에 맞는 유리한 사업 방식이 있다. 앞서 언급한 건축법적 문제 외에도 기존 건물의 원형을 살리면서 현대적인 공간으로 재해석하는 근래의 트렌드 또한 검토 요인이다. 이렇게 리모델링해서 얻을 수 있는 가치 상승의 효과, 즉 경제적 이익이 신축보다 낫다면 리모델링을 선택하면 된다.

집을 지을지 고칠지 고민하다 보면 신축과 리모델링에 관한 수많은 정보, 강의를 접하게 될 것이다. 각각의 강점과 단점에 대해서도 듣게 될 텐데, 미리 당부하고 싶은 바가 있다. 앞서 1장에서 부동산 투자 방식에 관한 통념에서 벗어나라고 했는데 신축과 리모델링, 즉 개발 방식에 관한 일반 통념 또한 의심해 봐야 한다. 과연 그 내용이 내 현장에도 맞는 내용일까? 필자는 그럴 수도, 아닐 수도 있다고 생각한다. 중요한 것은 내가 내 현장을 알고 그에 맞는 방식을 선택하는 것이다. 훗날 자신의 사업을 진행하게 된다면 이런 점을 알고 타인의 통념에 휘둘리지 않기를 바란다. 우리가 사업가로서 해야 할 일은 팩트에 기반한 분석과 예측이다.

소규모주택정비사업은 신축 위주

2013년에는 도시재생특별법이, 2018년에는 빈집 및 소규모주택정비에 관한 특례법이 신설되었다. 재건축, 재개발, 뉴타운 사업의 문제점이 보완됐고 절차가 간소화되었으며, 주민참여도를 높이는 '도시정책 패러다임의 전환'이란 측면에서 출발하였다. 국가에서 도시 개발의 밑그림을 그려 놓은 것이다. 여러 개의 밑그림 중 개인이 주도하여 할 수 있는 사업이 있다. 바로 소규모주택정비사업이다. 소규모주택정비사업은 이해관계인_{토지 등 소유자}이 적으며, 사업 절차가 간소화되어 사업 기간을 최소화할 수 있는 것이 강점이다. 또한 저층 노후 주거지를 새로운 주거지로 탈바꿈시키는 도시재생 뉴딜사업의 핵심 사업 수단이다.

소규모주택정비사업의 사업 유형에는 세 가지가 있다.

① 자율주택정비사업

10호 미만의 단독주택이나 20세대 미만의 다세대 주택의 집주인 2명 이상이 모여 주민 합의체를 만든다. 이후 건축협정 등의 방법으로 공동주택을 신축하는 소단위 필지 사업이다.

② 가로주택정비사업

1만㎡ 미만의 가로구역에서 실시하는 블록형 정비로서, 인근 주민들이 조합을 결성하여 공동주택을 신축할 수 있다. 가로구역이란 도로에 둘러싸인 지역을 말한다. 가로주택정비사업은 2012년에 도입되었으며 기존에는 도시 및 주거환경정비법에 속해있다가 소규모정비법으로 이관되었다.

③ 소규모 재건축

200세대 미만의 다세대나 연립주택 단지에서 실시할 수 있는 단지형 정비이다. 주민들이 조합을 결정하여 공동주택을 신축할 수 있다.

이 가운데 특히 관심을 가져야 할 것은 자율주택정비사업이다. 앞서도 누누이 말했듯 자율주택정비사업은 국가정책으로 지정되어 장려하는 사업이기 때문이다. 기존 재건축, 재개발과 달리 사업 절차가 간편한 데다 일반인들이 참여하여 안정적으로 사업할 수 있도록 도시재생지원센터도 설립하여 지원하고 있다.

사업 시행 요건도 단순하다. 토지 등 소유자 2명 이상이 주민합의체만 구성하면 된다. 그러면 건축협정을 통해 신축을 할 수 있는 것이다. 이를 위해서는 지역을 선정하고, 운영계획 수립이 선행되어야 한다.

이외에도 정부가 지원하는 소규모 개발 사업들은 대체로 신축 위주이다. 그렇다면 무조건 신축이 답인 것일까? 아니다. 사업성 검토 시에는 리모델링과 신축을 동시에 검토해야 한다. 사업성 검토가 수반되지 않으면 부동산의 가치를 평가할 수 없기 때문이다. 이어지는 장에서 자세히 알아보자.

리모델링 vs. 신축 ②
주택과 상가의 가치를 바꾸는 변신

투자대상의 가치를 알아야 투자를 할지 말지 결정할 수 있다. 주식의 경우 기업의 가치는 가격으로 표현된다. 기업의 가치가 하락하여 심지어 파산하게 되면 주식은 한 장의 휴지 조각이 되고 만다. 이처럼 가치가 명확히 드러나는 주식과 달리, 부동산 시장에는 눈에 보이지 않는 가치가 형성되어 있다. 부동산 가격에 있어 절대적인 가격이란 없다고 했던 것을 상기해보기 바란다. 그렇다면 부동산의 가치란 대체 무엇을 뜻하는가?

가치(value) = **가격**(price) = **밸류에이션**(valuation)

1. 가치 평가 : (평가된) 가치, 가치액
2. 유용성·중요성에 대한 판단 : (판단된) 중요성

부동산의 가치는 어디서부터 나오는가? 부동산의 가치를 왜Why 평가해야 하나? 부동산 가치 평가를 하기 위해 무엇을what, 어떻게How 해야 하는가? 단순하게 시세만 비교해서 가치를 판단할 것이 아니라 이런 질문에 대해 생각해야 제대로 된 투자 판단을 내릴 수 있다. 투자자들이 가장 두려워하는 것은 내가 산 뒤 가격이 내려가는 것, 즉 손해를 보는 것이다. 다시 강조하건대 가치를 알아야 가격을 판단할 수 있고 그래야 성공확률을 높일 수 있다.

이런 이야기를 하면 종종 다음과 같은 질문을 듣는다. "감정평가사에게 의뢰해서 감정 가격을 받으면 되는 거 아닌가요?"

결론부터 이야기하자면 아니다. 국내에서 부동산 가치를 평가해 가격을 확정할 수 있는 곳은 감정평가기관이 유일하며, 시장 가치와 관련된 판단은 감정평가사들의 보고서만 공신력을 가지는 것은 사실이다. 그러나 감정평가는 그 목적 자체가 투자자들이 해야 하는 가치 평가와 다르다. 즉 대출, 경매, 조세 등을 위한 자료이다. 반면 우리의 목적은 사업성을 검토하기 위한 것이다. 이처럼 투자를 위한 가치 평가는 다르며, 본인 스스로 할 수 있어야 한다. 현장의 가치를 알아야 투자 결정을 내릴 수 있다.

죽은 건축물의 가치를 되살리는 리모델링

우리가 찾아야 할 것은 저평가된 건물이다. 이 같은 주택과 상가의 가치를 바꾸기 위해서는 먼저 저평가된 이유를 조목조목 찾아야 한다.

현재의 부동산 시장에는 한파가 불어 닥쳤다. 정부의 고강도 규제에 코로나 19까지, 경제의 모든 분야가 꽁꽁 얼어붙었다. 위기 분위기가 감돌며 실물자산보다 현금 보유를 높이는 추세다. 이런 상황에서 투자라니? 의아할 수도 있다. 그러나 역설적으로 보면, 부동산 매물이 쌓이고 있다. 위기가 곧 기회가 될 수 있는 것이다. 특히 저평가된 지역의 가격은 더 하락하고 있다. 이런 시기에 부동산의 가치를 평가하고, 분별할 수 있는 사람이라면 진주를 찾을 수 있을지도 모른다. 단, 투자처를 검토할 때는 신중에 신중을 기해야 하며 몇 배의 주의가 필요하다는 걸 반드시 기억하자.

저평가된 부동산에는 공통적인 특징이 있다. 건축물이 감가상각되어 있다는 점이다. 투자의 가장 기본은 저가 매입으로, 이런 부동산의 가치를 높이는 데는 두 가지 방법이 있다. 리모델링과 신축이다. 리모델링에 대해 먼저 살펴보자.

리모델링은 건축물의 죽은 가치를 다시 살리는 작업이다. 리모델링의 목적을 단순하게 생각해서는 안 된다. 인테리어 공사를 리모델링과 혼동하는 분들이 많은데 인테리어는 내·외부를 아름답게 만들고 사용의 편리성을 높이는 것을 중점으로 한다. 리모델링은 흔히 메이크업에 비유된다.

대개 메이크업의 목적은 이미지 변신, 아름다움 추구에 있다. 하지만 그보다 더 원래의 목적이 있으니 바로 외부 환경으로부터 피부를 보호하는 것이다.

건축물 리모델링의 근본 목적 또한 내·외부적으로 보이는 모습을 정비하는 것이 아닌 외부적 환경요인으로부터 건물을 보호하는 데 있다. 자연 환경_{비, 바}람, 햇빛 등으로부터 건축물을 보호하고, 노후화를 최대한 방지하며, 사용기한을 최대한 늘리는 것 등이다.

리모델링은 주택과 상가에 대한 관점이 다르다. 주택은 사용자의 편의성을 최대한 고려하여 기획해야 하며, 상가는 외형적 디자인을 최우선적으로 고려해야 한다. 관점에 따라서 우선 사항이 달라지는 것뿐, 기본 목적은 동일하다.

리모델링의 가장 큰 장점은 투자 대비 수익성이 높다는 것이다. 또한 신축이 가지는 위험성공시민원, 법적용 혜택, 공시조건 등을 피할 수 있다. 즉, 리모델링의 목적은 건축물의 가치, 자본적 증가를 목적으로 하는 것이다. 리모델링의 범위는 주거용 공간에서 상업용 공간으로 점차 확대되고 있다. 용도변경을 전제로 증축, 개축, 대수선 등을 통하여 건축물의 새로운 가치를 부여하여 재산적 가치를 극대화시키는데, 미국·일본 등에서는 리폼Reform 또는 리노베이션Renovation 이라고 한다.

리모델링은 수익성을 높일 수 있는 것 외에 사회적·물리적 이유로도 주목받고 있다. 무분별한 재개발과 재건축으로 사회·환경·자원 낭비 등 부정적인 요소가 발생하는 상황에서 그에 대한 대안으로 리사이클링재생에 대한 관심이 높아지는 상황이다. 정부도 적극적으로 활성화 대책을 수립하여 지원책을 발표하고 있는데 이를 활용하는 방안도 함께 검토하면 더 좋은 결과를 얻을 수 있을 것이다.

계속해서 강조하는 것이 사업성 검토이다. 리모델링 또는 신축은 사업을 하는 방식이다. 사업성 검토를 통하여 수익성을 확인하고 사업타당성을 검증해봐야 한다. 상황에 따라서는 건물 전체가 아닌 일부분에만 변화를 줘 수익성을 강화할 수도 있다.

신축이냐 리모델링이냐를 고민할 때 따져봐야 할 것

사업성 분석 시에는 지역분석과 주변 환경 분석이 가장 중요하다. 상권은 넓은 의미에서 광역상권부터 지역상권, 그리고 우리가 매일 접하는 근린상권으로 생각해볼 수 있다.

지역분석을 할 때는 탑다운 방식을 추천한다. 큰 그림부터 확인해보는 것이다. 서울특별시의 특징부터 강남구의 특징, 그리고 서초동의 특징, 서초동 중 교대역의 특징…, 이런 식으로 점차 하위로 내려가는 것이다. 각 지역 특징을 탑다운 방식으로 분석하고 마지막으로 현장 주변을 비교한다. 예를 들어 주택을 용도변경하여 근린생활시설사무실이나 일반 상가로 만들기로 계획했다면 주변 환경보다 독특한 이미지로 변신시켜야 한다. 단독주택의 특성은 서로 비슷한 시기에 공급되어 이미지가 거의 유사하다는 것이다. 사람들의 이목을 집중시켜야, 다시 말해 눈에 띄는 건물이 되어야 할 필요가 있다. 리모델링이든 신축이든 사업의 이유는 수익성의 극대화이다. 아무리 작은 건물이라도 그 동네의 랜드마크로 만들어야 한다. 독특한 외관은 곧바로 수익률과 연관된다.

주변 개발 계획을 면밀히 관찰하자

국토교통부 대도시권광역교통위원회는 2019년 10월 31일 <광역교통 2030>을 관계부처 합동으로 발표 하였다. 이 계획에서 주목해야 할 것은 대도시권 광역교통망을 철도 중심으로 재편하여 2030년까지 철도망 2배로 확충한다는 것이다.

서울을 중심으로 한 현재의 광역교통망은 각 지방자치단체의 이해관계로 인해 개선이 어려운 상태다. 이러한 문제를 해결하기 위해 행정구역의 경계에 얽메이지 않고 보다 빠르고 편리한 광역교통 서비스 제공에 초점을 둔 방안을 내놓은 것이다. 광역교통에 대한 정부의 고민과 해결방안을 담았다는 점에서 대도시권 주민들에게 환영받을 수 있는 대책으로 보인다. 우리가 너무도 잘 알고 있는 GTX(광역급행철도) A·B·C노선이 계획대로 진행된다면 급행철도 수혜지역에 미치는 영향은 클 것이다. 수혜지역 이외 생활권에 어떠한 영향을 미칠지는 심도 있게 고민해봐야 한다. 한편 수혜지역이라도 부정적인 요인은 있을 것이다. 즉, 광역교통망이 부동산 시장에 어떠한 영향을 미칠지에 관심을 가져야 한다. 계획으로 끝나는 경우도 많이 있기 때문이다.

이외에도 부동산 가치에 영향을 미치는 요소들은 많다. 호재는 한 순간에 생기지 않는다는 것을 꼭 숙지하기 바란다. 미리 알고 미리 준비하는 사람이 결국 승자가 된다. 부동산 시장에 영향을 미치는 여러 가지 요인들에 관심을 갖고, 고민하다 보면 트렌드 흐름을 알 수 있을 것이다.

주거공간, 상업공간 리모델링도 마찬가지이다. 변화되고 있는 주위 환경에 지속적으로 관심을 가지는 것이 중요하다. 상권은 이동한다. 무슨 무슨 길이니, 역세권이 아니라 숲세권이니 하는 말들을 들어봤을 것이다. 상권이 형성되고 나아가 안정화된다는 것은 그 지역에 인구를 집약적으로 당기는 힘이 있다는 뜻이다. 명소가 되려면 내 건물 하나만 잘나서는 안 되며 주변과 시너지 효과를 내야 한다. 그러기 위해서는 건물주의 시각이 아닌 임차인들의 시각에서 접근할 필요가 있다. 임차인들이 계약하고 싶어 하는 공간과 이미지를 만들어야 한다. 작은 차이가 엄청난 결과를 만들어낸다.

용도 변경과 리모델링으로 낡은 집의 가치가 확 바뀐다

보유세의 인상, 양도세의 부담, 유지비용 등으로 여러 채의 주택을 보유하고 있는 사람들의 고민이 늘어가고 있다. 혹시 단독주택을 보유하고 있다면 용도변경을 고려해보길 권한다. 용도변경을 통한 리모델링으로 가치를 크게 상승시킬 수 있을지 모른다. 위치하고 있는 지역에 따라 다르다. 실제로 최근 단독주택을 사무실로 용도변경하여 사용하는 사례가 늘고 있다. 이런 변화는 시대적 흐름에 따르는 것으로, 도시재생의 트렌드와 맞물린다.

리모델링의 가장 큰 강점은 건축법에 대한 규제가 신축보다 덜하다는 데 있다. 리모델링의 규모에 따라 달라지지만, 대체로 준공당시의 건축법에 따르기 때문이다. 하지만 건축규모의 증가(증축) 등을 수반할 때는 현재의 건축법을 따른다. 그렇더라도 강화된 주차장법, 정화조법, 소방법 등을 면밀하게 검토해야 한다. 리모델링에 대한 절차가 간소화되었다고는 하나 여전히 철저한 사전 검토가 필요하다. 최소 2~3군데 업체에 의뢰하여 기획안을 받아보는 것을 추천한다.

리모델링에 대한 철저한 준비가 선행되지 않으면 자칫 안전사고로 이어질

중앙 출입문과 각 호실
별 현관문, 바닥 등을
리모델링하는 것만으
로도 건물의 이미지가
확 바뀌었다.

수 있다. 사전 준비는 기획 단계부터 시작되어야 한다. 용도에 맞는 설계, 용도
변경 절차에 따른 구조변경, 구조변경 시 위험을 회피하기 위한 구조보강, 이
에 따르는 공사공법 등을 사전에 치밀하게 검토해야 한다. 시공업체마다 보는
관점이 다르기 때문에 가능한 여러 업체들과 만나보기를 권한다. 가장 중요한
것은 적법성이다. 법의 테두리 안에서 모든 계획을 수립하고 운영해야 한다. 이
것은 나 자신을 지키는 중요한 요소이다.

리모델링 시 꼭 알아둬야 할 점

① 구조적인 안전은 리모델링 전체의 성패와 직결돼 있다. 공사 전에 구조 안전 진단을 받아보고 대수선, 증축 여부 등을 점검해야 한다.

② 리모델링의 목적, 소요 예산, 공사 시기 등을 미리 점검하는 것이 좋다.

③ 업체를 선정할 때는 시공 실적을 먼저 살펴본 뒤 견적서와 애프터서비스 여부 등을 알아봐야 한다.

④ 소음 분진으로 인한 민원이 제기되면 공사가 지연될 수 있으므로 사전에 주변 이웃들로부터 공사 동의를 받아두는 것이 좋다.

⑤ 허가, 신고사항을 해당 구청에 확인해야 한다.

⑥ 무작정 고급 자재를 쓰기보다는 중고 제품을 간단하게 손질해 공사에 들어가는 것이 비용을 최소화하는 지름길이다.

⑦ 리모델링 관련 서적을 숙독한 후 기본 지식을 갖고 시공업체와 상담하면 더욱 효과적이다.

리모델링은 인테리어와 다르다

많은 사람들이 리모델링을 굉장히 간단하게 생각하는 경향이 있다. 낡은 집을 인테리어 하는 것을 리모델링이라 여기기 때문이다. 그러나 리모델링과 인테리어는 엄연히 별개이 다. 리모델링은 용도변경, 구조변경, 구조보강을 통해 건물이 새롭게 태어나는 것을 뜻한 다. 건물의 가치는 가격에서 나온다. 얼마나 더 오래 튼튼하게 사용할 수 있는가, 공간 구 조는 효율적인가, 사용에 있어 불편은 없는가 등등에 따라, 다시 말해 어떤 건물이냐에 따라 가격이 평가된다. 따라서 리모델링 시에는 어떻게 하면 건물의 가치를 더 상승시킬 수 있을지에 대한 고민부터 시작해야 한다.

여기서 한 가지 짚고 넘어갈 부분이 있다. 무조건 돈을 많이 들인다고 해서 가치가 올라 가는 건 아니란 점이다. 리모델링 시 자본의 크기보다 중요한 것은 분석력과 기획력이다.

분석력은 왜 필요한가? 지역의 특성에 맞게 리모델링 방향을 설정하고 수익성을 평가 해야 하기 때문이다. 유흥업소와 원룸 건물이 즐비한 대학 앞에 고급 주택을 짓는다면 과 연 돈 있는 사람이 그곳에 투자할까? 위치한 지역을 분석하고 그곳의 상권과 주변 환경, 수요층의 니즈를 파악해야 한다. 그러고 나서 수익성 평가를 통하여 건물의 가치를 어떻 게 올릴 것인지, 변신을 위한 구체적인 그림을 그려야 한다.

기획력은 왜 필요한가? 단순히 내·외부의 보이는 모양을 변화시킨다고 해서 가치가 상 승되는 것이 아니다. 반드시 콘텐츠가 뒷받침되어야 한다. 공간 구조와 활용에 관한 다양한 아이디어를 구석구석 채워넣어야 한다. 그냥 보기 좋게 만드는 것이 아니라 디테일을 살려야 하는 것이다.

리모델링 시에는 장점과 단점을 잘 파악해야 한다. 건물의 수명을 연장시키기 위해 리모델링을 하는 경우가 많은데, 잘못되면 오히려 수명에 악영향을 끼치기도 한다. 또한 건물의 사용기한을 준공으로부터 30년으로 생각한다면, 리모델링을 통해 과연 얼마나 더 그 기간을 늘릴 수 있을지 고민해봐야 할 것이다. 그런가 하면 일반적으로 허름한 단독주택들의 경우 매우 약한 구조로 되어 있는데 잘못 공사를 하다 사고가 나는 경우가 종종 있다. 리모델링이라고 해서 만만하게 보고 시작하면 예상외로 지출 규모가 커지거나, 여러 요인으로 인해 원하는 만큼의 변신에 실패하거나, 안전 상 위험한 상황이 생길 수도 있으니 리모델링도 신축만큼이나 신중하게 알아보고 공부한 후에 진행해야 한다.

Real Estate Investing for Millennials

다섯째,　　　싸게 사서
제대로 만들어
크게 버는 사업을 하라

STEP 5 - 퍼포먼스

크게 벌고 싶다면
투자의 정체성부터 바꿔라

우리는 경제적 이익을 얻기 위하여 많은 고민과 연구를 한다. 자유로운 수익 활동을 하는 시장 중심의 경제 체제 하에서 무엇을 사고, 어떻게 팔아야 할 것인가는 모두의 고민이다.

　부동산 또한 예외가 아니다. 필자가 부동산 업계에 몸 담은 세월 동안 가장 많이 들은 말은 '집을 지금 사야 하나요?', '지금이 고점 아닌가요?'였다. 필자의 답은 '미래는 아무도 예측할 수 없다'는 것이다. 투자는 선택도, 결과도 모두 투자자 그 자신의 몫이다. 불황에서도 돈 버는 사람이 있고, 호황에서도 손해를 보는 사람이 있다. 앞으로 도시재생이 도심 개발의 대세가 되고, 새로운 투자의 공식이 된다 한들 그 와중에도 버는 사람이 있고 잃는 사람이 있을 수 있다. 그 차이는 어디서 생기는가? 제대로 된 판단 기준을 가지고 있느냐 아니냐, 즉 그 자신이 치열한 공부와 고민 끝에 정립해낸 판단 기준이 있느냐 없느냐에 달렸다고 본다.

가장 기본적인 판단 기준은 우리 모두가 알고 있는 '수요와 공급'의 법칙이다. 중학생도 알 법한 이야기지만, 실제 투자 결정 시 적용하는 사람은 드물다. 다시 기본으로 돌아가 이것부터 점검해보자.

수요와 공급을 다른 말로 표현하면 다음과 같다.

수요 = 주간 활동인구가 많은 곳 = 일자리가 많은 곳

공급 = 아파트 공급이 적은 곳, 미분양이 없거나 적은 곳

수요가 많으면 자연히 가격이 올라간다. 수요에 비해 공급이 적으면 가격 방어는 자연스럽게 일어날 것이다. 이런 지역을 찾아보면 누구나 알고 있는 지역이며, 이미 가격이 상승한 지역이라는 걸 알 수 있을 것이다. 그렇다면 우리가 찾아야 하는 것은 어떤 곳인가? 수요가 많아질 것으로 예상되는 곳, 즉 정부와 지자체가 일자리 창출의 거점으로 삼으려는 곳, 상권의 확장이 기대되는 곳, 교통망이 정비되는 곳 등이다. 이와 관련된 내용은 이미 다 공개되어 있다. 도시기본계획이 그것이다. 수요와 공급 법칙에서부터 시작하여 도시기본계획에 대한 지식을 가지고 있는 것만으로도 어느 정도 객관적인 판단 기준을 정립할 수 있게 된다.

한편, 공급과 관련해서는 전국 지역별 미분양 물량을 확인해보면 현재 시장 상황을 확인할 수 있다. 미분양이 많다면 수요 대비 공급량이 많은 것으로, 전세 가격이 약세인 지역에 해당할 것이다.

투자의 시작은 탑다운 방식으로 :
그곳에 황금알이 있다

앞서 도시기본계획을 아는 것은 숲을 조망하는 것과 같다고 했다. 숲 가운데 들어가 주위를 보면 나무만 보인다. 길이 어떻게 되어 있는지 알 수가 없다. 산에 오르기 전 등산로를 확인하고 어떤 등산로를 탈 것인지 선택해야 거리, 시간 등을 미리 결정할 수 있다. 부동산 사업도 마찬가지다. 어떤 사업이든 결과를 유추하기 위해서는 사업계획을 수립하면서 사업에 대한 큰 그림을 그려야 결과를 예측할 수 있다. 모든 투자 결정은 탑다운 방식으로 이뤄져야 한다.

숲에 대한 지식을 가지고 현장을 확인해야 한다. 투자하고자 하는 대상을 선정하여 현장 확인을 하는 것을 '임장'이라고 한다. 임장이 반드시 필요한 이유는 현장에서만 보이는 부분들이 있기 때문이다. 일례로, 컴퓨터 앞에 앉아서 지도를 보거나 다른 사람들의 의견만 보아서는 눈에 띄지 않는 문제점위험요소이 현장에서 발견될 수 있다. 포털 사이트의 지도 거리뷰를 봤을 때는 깔끔해 보이던 동네인데 실제로 가보니 불법 시설물이 많아 미관상 좋지 않고 동네 분위기도 어수선한 경우가 있다. 또, 낮에는 조용한 동네지만 번화가와 인접해 있어 밤이면 취객으로 인한 소음 민원이 끊이지 않는다는 등의 정보를 얻게 되기도 한다. 반대로 현장에서 황금알을 찾게 되는 경우도 있다. 현지 부동산에서만 가지고 있는 급매물이나 현지 정보 등을 알게 되는 것이다. 이처럼 발품을 팔지 않으면 보이지 않는 리스크, 찾을 수 없는 보물들이 어느 지역에나 존재한다.

2040 강남 마스터플랜 수립 용역 내용 중 일부

과업의 배경

- 2030 서울플랜의 후속 계획인 2040 서울도시기본계획 수립이 시작됨에 따라, 대내외 도시 여건 변화를 반영한 강남구 차원의 선제적 대응방안 마련 필요성이 대두
- 2030 서울플랜, 2030 서울생활권계획으로 확정된 중심지(강남 도심, 수서·문정 지역중심 등)의 기능강화방안 마련 필요
- 영동대로 복합개발, 현대자동차그룹 GBC 건립, SRT 수서역세권 개발, 노후 공동주택 재건축 사업 등 강남구 공간 구조에 큰 영향을 끼치는 대규모 개발사업에 대한 대응능력 확보 필요

과업의 목적

- 강남구의 대내외 여건 분석 및 현황 진단을 통해 주민이 공감하는 새로운 미래 비전 제시
- 계획간 정합성 유지와 실행력 담보를 위해 중앙정부 국정과제, 서울시 공약사업, 상위 관련계획, 주민의견 등과 연계된 발전전략 수립
- 강남구의 미래 비전을 실현하기 위해 추진해야 하는 핵심사업과 2040 서울도시기본계획에 반영할 신규사업 발굴
- 계획 실현을 위한 단계별 실행방안 및 시·구 간 역할분담 방안 마련

미래 비전 실현을 위한 핵심사업 및 생활권계획
— 핵심사업별 추진방향 및 전략적 대응방안

- 중심지(강남 도심, 수서·문정 지역중심 등) 기능강화
  - 용도지역 변경, 역세권 활성화방안 등
- 영동대로 복합개발
- 현대자동차그룹 글로벌비즈니스센터(GBC) 건립
- SRT 수서역세권 개발
- 노후 공동주택 재건축
- 저층주거지 정비
- 지역밀착형 생활 SOC 조성
- 강남구 신청사 건립
- 스타트업 인큐베이터 조성 등

도시기본계획을 통해 관심이 가는 지역이 있다면, 해당 권역의 구 단위 계획을 찾아봐야 한다. 그리고 이것을 토대로 지역분석을 해야 한다. 강남구를 예로 들어보겠다. <2040 서울도시기본계획>이 수립되는 것과 같이하여 강남구청에서는 <2040 강남 마스터플랜> 수립 용역 입찰공고를 하였다. 2040 강남 마스터플랜의 내용 중 일부를 보자206페이지 참고.

강남구청이 민간사업자에게 용역을 발주한 핵심 내용이다. 미래비전 실현을 위한 핵심 사업의 내용을 보면 앞으로 강남구청의 부동산 정책 방향을 알수 있다. 정책적 방향과 부동산 시장의 변화 등을 보며 투자 방식How와 대상What을 찾아야 한다. 예를 들어, 수서역세권 개발과 노후 공동주택 재건축 사업 등이 반복적으로 언급되고 있다. 이외에도 저층 주거지 정비 등 핵심 사업 상당수가 도시재생의 관점에서 나왔다는 데 주목할 필요가 있다. 요즘 부동산 투자는 오픈북 시험과 같다는 말이 있다. 이미 어디가 어떤 방식으로 변화해나갈지 정보가 다 나와 있는 상태. 그 안에서 어떤 정답을 찾아나갈지, 얼마나 좋은 성적을 얻을지는 투자자 본인의 역량에 달렸다.

새로운 투자의 패러다임 :
부동산이란 상품의 기획자가 되어라

베이비붐 시대에서 인구절벽의 시대로, 제조업 위주에서 4차 산업혁명 시대로, 철거의 시대에서 재생의 시대로, 부동산 시장을 둘러싼 핵심 요소들이 변화하고 있다. 이 상황에서 더 이상 과거의 보편적 투자사고에 매달려서는 안 된다. 머릿속에서 부동산 투자의 패러다임을 바꿔야 한다. 부동산에 대한 새로운 시각을 제시할 수 있는 사람이 진정한 승자가 될 것이다. 부동산을 해석하는 자신만의 정의가 있어야 하며, 독특한 철학과 근거, 논리를 중심으로 계획을 수립할 수 있어야 한다. 세상에 영원히 절대적인 것은 존재하지 않는다. 자본주의 시장에서는 더욱 그러하다.

아직도 대부분의 사람들이 부동산 투자 하면 아파트만 본다. 그러나 이미 현장에서는 아파트 외의 시장을 선점하기 위한 투자자들이 바쁘게 움직이고 있다. 오를 지역을 찾는 것도 중요하지만 그보다 더 중요한 것은 부동산의 가치를 높일 수 있는 능력을 키우는 것이다. 애플의 성공 비결을 떠올려보자. 사용자 편의성을 키우는 한편, 극강의 아름다움을 추구했다. 부동산도 마찬가지이다. 나의 관점이 아닌 사용자 입장에서 생각하고 계획해야 한다. 누가 봐도 갖고 싶도록 만들 수 있어야 한다.

기존의 투자가 만들어진 상품을 사는 것아파트, 빌라, 오피스텔 등이었다면 우리가 추구하는 투자는 원재료낡은 집, 작은 땅를 사서 상품을 기획하고 만드는 것이다. 부동산 시장의 흐름을 읽고 그것을 이해하면 남들과 다른 차별적 상품을 만들 수 있다. 산업 발전과 삶의 질 개선에 따른 관점의 변화, 유행과 트렌드의 차이, 시대적 가치, 가치관의 변화 등을 함께 생각해야 한다. 내 삶을 바로 세우는 부동산 투자 관점투자자의 정체성 회복을 만들어 나가야 하며, 본인만의 특별함을 발견해야 한다.

어려워도 읽고 또 읽어야 하는 이유

부동산을 처음 시작하는 분들은 대부분 어떻게 하면 더 빨리, 일명 고수가 될 수 있는가 하는 질문을 많이 한다. 걸음마도 하기 전에 뛰기를 원하는 사람이 많은데, 가장 중요한 것은 역시 기본기이다.

일단 부동산에서 사용되는 용어와 친해져야 한다. 현재의 부동산은 정책과 법률, 금융의 결합체이다. 민법, 특별법인 주택 임대차보호법, 상가임대차보호법, 민사집행법, 부동산공법(여러 관련 법률), 세법(부동산 해당 법률) 등을 알아야 한다. 처음에는 마치 육지 사람이 제주도 사투리를 듣는 것과 똑같다. 무슨 말인지 도무지 이해가 되지 않고, 짐작도 가지 않을 것이다. 누구나 겪는 일이다. 모르겠어도 계속 읽다 보면 머리에 남고 귀에 들리기 시작한다. 부동산의 용어도 결국 언어이다. 외국어를 배우는 것과 비슷하게 생각하자. 처음에 뜻을 모르더라도 계속 읽고 듣다보면 어느샌가 익숙해지게 된다. 본격적인 부동산 투자를 위해 갖춰야 할 기본기는 다음과 같다.

① 권리분석
② 부동산 지역분석 : 시 → 군·구 → 동 → 현장(탑다운 방식)
③ 상품구성 운영 계획(메이크업), 임대 및 매각 , 수익성 분석, 가치 부여(콘텐츠 연결)
④ 양도 시 세금 확인

무엇을 살 것인가:
위치 선정과 입지분석

가장 기본이 되면서도 어려운 것이 위치 선정이다. 어디에 투자할 것인가? 다른 말로 하면 수익이 나는 곳을 찾는 것이 핵심이다. 정답은 현장 속에 있다. 불확실성에 대한 위험요소를 제거하기 위해 현장을 끊임없이 탐문해야 한다.

당신도 아마 제2의 월급을 만들고 싶다는 생각에 이 책을 선택했을 것이다. 요즘은 부동산 임대업을 서브잡으로 삼는 직장인들도 많이 늘어난 추세이다. 하지만 여전히 어려움은 존재한다. 본업을 하면서 안정적으로 투자까지 하기란 정말 어려운 일이다. 혼자 모든 것을 판단하고 실행해야 하다 보니 불안감도 있다. 그러다 보니 중요한 기회가 왔을 때 선뜻 결정을 내리지 못하고 망설이다 후회하거나, 반대로 소위 전문가들의 이야기에 부화뇌동하여 지금 안 사면 늦을 것 같은 마음에 매입했다 낭패를 보기도 한다. 이런 상황을 피하기 위해 전제가 되어야 하는 것이 바로 지역분석이다.

지역의 특성을 분석하고 확신이 들기까지는 시간이 필요하다. 누가 물어보더라도 '왜' 그곳인지 말할 줄 아는 정도가 되어야 한다. 그렇지 않으면 아예 투자를 해서는 안 된다. 지역분석이 가지는 의미는 상상 이상이다.

지역분석 : 위치 선정의 비결은 지역분석이 반이다

위치 선정의 비결은 바로 이것, 지역분석 결과 확신이 드는 곳을 찾는 것이다. 지역분석의 출발점은 각 지역별 도시기본계획에서 시작한다. 각 지역이 가지는 특성과 발전 계획의 큰 그림을 확인한다. 그다음으로는 정비구역재개발 지역에서 해제된 지역을 찾아 관심을 가질 필요가 있다. 정비구역에서 해제되면 긴 기간이 소요되는 재개발, 재건축 대신 주거 환경 정비 등 각종 도시재생과 관련된 지원이 전개되며 소규모 도시 개발에 속도가 붙을 확률이 높다. 참고로, 앞서 3장에서 언급한 세운상가 일대 역시 정비구역에서 해제된 곳이다. 이같은 정보는 수시로 업데이트되니 서울시의 관련 보도자료를 수시로 검색해보길 권한다.

주요 도시들은 도시기본계획에 맞게 정비계획을 수립해 놓았다. 예를 들어 서울시는 <2025 서울특별시 도시·주거환경정비 기본계획>, <2025 서울시 도시재생 전략계획> 등을 2015년 11월과 2018년 7월에 발표했다. 내용을 보면 아파트 중심의 획일적인 계획에서 벗어나 지역의 특징을 살려 정비하는 것을 목표로 하고 있다. 도시는 하루아침에 바뀌지 않는다. 앞으로 10년, 20년

후 어디가 어떻게 바뀔지 궁금하다면 도시기본계획을 보고, 앞서 말했듯 탑다운 방식으로 지역을 분석해나가라. 내용은 서울도시계획포털urban.seoul. go.kr에서 쉽게 찾을 수 있다. 지역계획, 개발, 경관계획 등 주요 도시계획과 사업 현황은 물론이고 시행계획 공고 및 고시도 모두 공개되어 있다.

그럼에도 무엇부터 시작해야 할지 잘 모르겠다면 과거나 현재 자신의 거주지 혹은 직장 인근부터 관심을 가지자. 예를 들어, 영등포 지역에 위치한 회사를 다닌다면 강서권역부터 살펴보고 도시계획 자료들을 살피다 보면 호재를 찾을 수 있다. 거주지나 직장 인근은 기본적인 이해도가 있는 곳이란 점 외에도 틈날 때마다 발품을 팔며 현장을 확인할 수 있다는 강점이 있다. 일부러 시간 내 임장을 다니지 않아도 되는 것이다. 낮과 밤, 주중과 주말의 모습을 고루 파악할 수 있고 인구 이동과 동선에 관한 이해가 있는 곳일수록 성공 확률이 높아진다.

준공업지역 같은 특정한 테마에 관심을 가졌다면 이 테마를 중심으로 탑다운 방식으로 알아나가는 것도 좋다. 서울에 준공업지역이 위치한 곳들을 구區, 동洞의 순서로 분석해나간다. 참고로 준공업지역은 영등포, 구로, 금천, 성동, 도봉, 강서, 양천구에 위치해 있다.

지역분석의 순서(예시)

2025 서울시 도시재생 전략계획(2030 서울플랜, 2030 서울생활권계획, 한강변관리 기본계획) 등을 통해 관심 지역 도출 → 관심 지역 정보 수집 →

핵심 사업계획 및 현황 파악 → 지역 특성 확인 → 가격 변동 추이 및 요인 확인 →

현장 확인(가장 상권이 번화한 메인 상권을 중심으로) → 확인된 이슈 체크

→ 객관적 관점으로 지역의 특성을 정리 →

지역분석 보고서, 나만의 시도 등 결과물 만들기

세부적인 순서는 바뀔 수 있다. 항상 '숲에서 나무로'라는 탑다운의 원칙을 기억하자. 관심 지역이 생겼다면 보도자료를 계속 확인하는 것도 필수다. 또 한 가지 덧붙이자면, 지역분석은 책상 앞에 앉아서 하는 공부가 아니다. 현장을 발로 뛰며 그 지역을 직접 파악하는 노력이 필요하다.

입지분석 : 치열하게 사고해야 남과는 다른 답이 나온다

필자는 낡은 단독주택을 매입하여 2016년 준공해서 주거용 시설로 신축, 매각한 적이 있다. 2호선 역 도보 5분 거리에 위치하여 역세권에 해당하는 곳이었지만, 다소 지대가 높아 접근성이 떨어졌다. 이런 단점을 감안하여 사업성 분석을 해봤더니 의외로 수익성이 높게 나타났다. 가장 큰 이유는 공실률이 제로일 것으로 예상했기 때문이다. 임대차와 관련된 데이터를 가지고 있었고 그에 대해 자신을 넘어선 확신을 가지고 있었으므로, 높은 수익성을 예측하고 사업을 빠르게 전개시킬 수 있었다. 그렇다면 이런 확신은 어떻게 생겼던 것일까? 현장을 본 순간부터 임대차에 대한 데이터를 수집하며 지역을 탐문하였

다. 자신감이 확신으로 굳어지는 순간 투자를 결정했고 시세보다 저렴한 가격에 매입하여 수익성을 높일 수 있었다.

위치 선정과 지역분석은 기획단계에서 가장 중요한 요소들이다. 아무리 건물을 잘 짓거나 예쁘게 리모델링해도 소비자가 찾지 않으면 무용지물이다. 반대로 내가 보기에 좋은 물건은 남이 보기에도 좋다. 상태가 좋은 A급은 안목이 없더라도 누구나 알아볼 수 있다.

자본이 충분하다면 굳이 저렴하게 사기 위한 노력을 하지 않아도 될지 모른다. 하지만 적은 자본으로 최대한의 수익을 보기 위해서는 저평가된 물건을 사야 한다. 단점으로 인해 남들이 의사결정을 망설이거나 아니면 아예 포기하는 물건 말이다. 단점을 상쇄시키고 가치를 극대화할 방법을 찾는다면, 그 단점은 더는 단점이 아니다. 저평가의 이유이며 저렴하게 매입할 수 있는 감사한 이유가 된다.

필자가 주로 찾는 것은 작은 평수의 낡은 단독주택이다. 대지평수 50평 미만 주택을 매입해 주거용 및 상업용 시설_{수익형 부동산}을 짓는다고 하면 열에 아홉은 "그런 작은 땅에 신축을 해서 수익이 나나요?"라고 묻는다. 주차장은 물론이고, 내부 공간이 효율적으로 나올지도 걱정해준다. 사실은 충분하다 못해 놀라울 정도의 수익이 나고 있다. 이번 장의 마지막에 그 사례들을 소개할 것이다. 책에 실을 사례를 정리하다가 수익률이 너무 높아 오히려 걱정했다. 부풀린 것으로 괜한 오해나 사는 것이 아닐지 말이다. 그처럼 수익률이 높을 수 있는 이유 중 하나는 애초 매입가가 낮기 때문이다. 저평가된 입지의 물건을 시세보다 저렴하게 매입하여 기획력으로 단점을 상쇄시킨 덕분이다.

이처럼 보편적 입지분석에 더해 경제성과 성장 가능성에 관한 관점이 더해져야 한다. 그저 이 자리가 좋은 자리냐 아니냐, 유동인구가 얼마나 많고 접근성이 좋으냐 등의 일반적인 입지분석에서 한 발 더 나아가야 하는 것이다. 그러기 위해서는 사용자소비자의 관점에서 생각해야 한다.

많은 사람이 부동산 투자의 목적을 사용대가임대료를 받고 매각차익을 실현하는 것으로 삼는다. 이것은 임대인의 관점이다. 사용자 입장에서 보면 사용목적에 맞게 사용하고 그 대가를 지불하는 것이다. 그럼 부동산의 가치를 판단하는 것은 누구인가? 최종 소비자이다. 소비자들은 돈을 쓸 가치가 있는 곳에 대가를 지불할 것이다. 과연 그 같은 가치를 만들어낼 수 있는 곳인가? 이같은 발상에서 입지분석에 대한 사고를 다시 해봐야 한다.

입지분석의 순서(예시)

(지역분석의 연장선) 지역분석을 토대로 :

소재 지번 파악 → 해당 물건(주차, 가시성, 용도지역, 인·허가 사항 등)

및 주변 환경과 상권(유동인구, 접근성 등) 파악 →

토지이용규제시스템으로 일반 현황 및 행위규제사항 확인 → 기획설계 의뢰

→ 장단점 분석 및 콘텐츠 기획 → 수익성 분석

개별 분석 : 위치적 약점은 콘텐츠로 극복할 수 있다

지역분석이든 입지분석이든, 현장은 무조건 방문해야 한다. <골목식당>에 출연하여 큰 화제를 일으킨 돈가스 집 '연돈'을 들어본 적이 있을 것이다. 방송은 연돈의 제주도 이전 과정을 상세히 보여주었는데 그 과정에서 백종원 씨가 보여준 리더십과 안목에 감탄한 사람이 많았다. 우리가 배워야 할 것은 철저한 사전계획과 분석능력이며, 이 모든 것을 관통해서 해석하는 능력이다. 그 또한 처음부터 그 같은 능력을 가지고 태어난 건 아니다. 치열하게 연구하고 노력하여 얻어진 피땀의 결정체인 것이다. 우리도 끊임없이 공부하고, 때로는 머리가 아플 정도로 사고하고, 신발이 닳도록 현장을 다녀야 한다. 이를 통해 지역의 특징을 분석하는 능력을 키워야 한다.

지역 및 입지분석 시 함께 고려해야 하는 것이 콘텐츠이다. 요즘은 어디를 가든 카페가 없는 곳이 없다. 골목을 걷다 보면 최소 하나 이상은 만나게 되고 때로는 100m, 200m 간격으로 붙어있는 모습도 본다. 그런데 개인들이 창업한 카페는 매출에 한계가 있다. 한계점을 극복하는 곳은 지역의 명소로 성장하지만, 그렇지 못한 곳은 대부분 문을 닫는다. 중요한 요소는 콘텐츠의 차별성 및 지역 적합성이다.

① 위치적 약점을 극복할 만한 강점이 있는 콘텐츠인가

많은 사람들이 상권에선 입지가 전부라고 말한다. 그러나 개인 카페가 4차선 도로 목 좋은 자리에서 장사하여 성공할 확률이 얼마나 될까? 그만큼 임대료가 높기 때문이다. 즉, 자리가 좋은 곳은 그만큼의 대가를 지불해야 하는 것이다. 다른 부동산도 마찬가지다. 이 책을 읽는 독자 중 강남역 한복판, 누구나 탐내는 자리에 건물을 사서 리모델링하거나 신축할 분은 매우 드물 것이다. 대부분은 위치직으로 약점을 가진 곳을 공략하게 될 텐데, 이때 중요한 것이 바로 콘텐츠이다. 약점을 콘텐츠로 극복해야 한다. 반대로 입지가 좋다고 해서 위치만 믿고 콘텐츠를 차별화하지 않은 곳은 도태되고 있다. 어떤 경우이든 콘텐츠는 부동산의 성패를 기르는 중요한 요소이다. 예를 들어 셰어하우스의 경우 역에서 조금 멀더라도 그 외 주거 환경, 시설, 커뮤니티 공간과 개인 공간 등이 가심비 측면에서 압도적이라면 소비자들은 위치적 약점에도 불구하고 '꼭 한 번쯤 살아보고 싶은 집'을 선택할 것이다.

② 지역의 니즈에 부합하는 콘텐츠인가

사용자의 관점에서 지역을 살펴볼 필요도 있다. 학원이 밀집한 지역의 낡은 아파트 상가를 멋진 갤러리로 변화시키면 어떻게 될까? 세련된 공간을 만들어 놓으면 사람들이 알아서 찾아오겠거니, 기대하다가 결국 문을 닫을지 모른다. 부동산과 주변 환경은 떼려야 뗄 수 없는 관계이다. 지역의 니즈를 파악해야 한다.

지역의 니즈는 다양하다. 예를 들어, 일대가 변모 중일 때 그 지역의 니즈는 변화의 시너지를 낼 수 있는 부동산인 경우가 있다. 과거 경리단 길은 독특한 카페와 식당, 소품점 등 작은 가게부동산들이 연달아 들어서며 평범한 동네 상권에서 볼거리와 놀거리가 넘치는 문화적 공간으로 변신했다. 경리단길도, 가로수길도, 성수동이나 문래동의 준공업지역도 변신의 계기가 된 것은 그곳에 독특한 공간 콘텐츠들이 하나 둘 생겨나면서부터였다. 즉, 부동산 기획이 문화가 되고, 여기에 복합적인 요소들이 작용하여 주위 공간과 어울리며 그 영향력을 확장해나간 것이다. 공간과 콘텐츠가 결합된 복합적 공간을 고민해야 한다는 것은 그 때문이다. 오늘날 부동산은 단순히 '사용하는 공간'에서 '쉬고 누리며 즐기는 공간'으로 변화하고 있다. 이런 트렌드를 인지하고, 현장이 위치한 지역의 특징을 잘 살펴봐야 한다.

수익형 부동산의 용도는 크게 세 가지로 분류할 수 있다. 주택, 상가, 주택+상가가 그것이다. 가장 이상적인 조합은 주택+상가이다. 상가의 수요가 주택 수요보다 낮은 지역에 상가를 기획할 수 없는 것이며, 반대의 경우도 마찬가지이다. 지역이 가지는 요소를 잘 파악하여, 사용자의 니즈를 파악하는 것이 중요하다.

누군가에게는 평범한 전략이 다른 누군가에게는 특별하게 다가설 수 있다. 지역에 따라 다르다. 자신이 가진 콘텐츠에 맞는 지역을 선정하고 개별적 분석을 해보는 것도 필요하다. 장단점이 파악되면 어떤 공간을 연출할 것인가를 고민해봐야 한다. 기획을 어렵게 생각하지 않았으면 한다. 부동산이 위치한 지점에 가장 잘 맞는 옷을 입히는 것이 기획이다. 옷의 색깔을 찾아내야 한다.

대부분 나대지건물이 없는 대지에 건축하는 경우는 드물다. 노후된 건축물주택, 상가을 매입해 리모델링 또는 신축하는 것이 대부분이다. 지역에 맞는 기획은 리모델링이냐 신축이냐에 대한 검토에서부터 시작된다. 두 가지 기획안을 고민할 때 가장 고려해야 할 사항은 건축물의 용도로, 활용 용도에 따라 기획의도와 방향, 사업성 검토를 해야 한다. 합법적이면서도 가장 합리적으로 활용할 수 있고, 경제적 가치가 극대화되는 모델을 찾아야 한다. 쉽게 풀이하면 '가성비' 좋은 방안을 찾아야 하는 것이다. 이를 부동산 타당성 분석과 최유효이용론이라 한다.

개별 분석의 순서(예시)

관심 지역 선정 → 콘텐츠 기획 → 지역과 콘텐츠의 적합도 분석 →

활용 용도에 따라 신축 or 리모델링 시 경제성과 성장 가능성 분석

부동산이 위치하고 있는 지역 및 입지분석, 개별 분석, 본인만의 콘텐츠를 결합하여 기획서를 작성해보는 것이 중요하다. 무엇보다 중요한 것은 실행이다. 책을 읽고 덮고 마는 것이 아니라 실질적으로 해보기를 권유한다. 휴일에 맛집 탐방도 중요하다. 맛집이 위치한 지역을 분석해보고, 본인만의 지도를 만들어나가자. 시간이 허락한다면 되도록 많은 곳을 방문해보기를 바란다. 각 지역별 특색 있는 거리를 다녀보는 것도 방법이다. 보는 시각을 키워야 한다.

또 하나 중요한 것은 '나라면 저 물건을 어떻게 변화시킬까?'라는 생각을 계속해보라는 것이다. 읽고 끝나는 것이 아니라 경험을 통해 몸에 남겨야 한다. 그것이 계속 쌓이다 보면 나도 모르는 사이 투자 감각이 된다. 아는 만큼 보이고, 보는 만큼 느낄 수 있을 것이다.

어떻게 변화시킬 것인가 :
소규모 주택, 상가 건축을 위한 프로세스

건축하는 주체를 '건축주'라고 한다. 건축주는 건축을 모든 일을 주관하며, 진행되는 모든 과정에 있어 책임이라는 부담을 가진다. 건물이 완공된 후 직접 사용할 수 있고, 임대와 매각에 관한 결정권자이다. 하지만 건물이 완공되기까지는 험난한 산을 넘고, 또 넘어야 한다. '건축을 하면 10년은 늙는다'는 말을 많이 하는데 그 정도로 쉽지 않은 과정을 각오해야 한다.

가끔 거리를 다니다 보면 미완성된 건축물을 보곤 한다. 며칠, 몇 달 시간이 흐른 후에도 여전히 같은 모습으로 있다면 건축주와 시공업체 간 분쟁이 생긴 것이다. 건축을 하다 보면 예상하지도 못한 상황이 생기게 되는데 최악의 경우 이처럼 공정 자체가 멈춰버릴 수 있다. 그러므로 여러 가지 상황에 대처할 수 있도록 사전 준비를 잘해둬야 한다. 그렇다고 해서 두려워할 필요는 없다. 누구나 처음이 있는 것이다. 위험요소가 있다고 해서 시도조차 하지 않는다

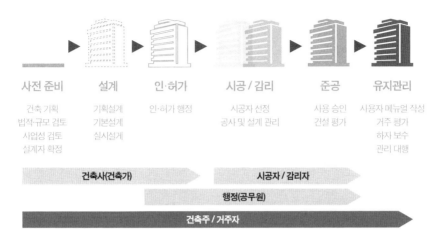

건축의 프로세스

사전 준비	설계	인·허가	시공 / 감리	준공	유지관리
건축 기획	기획설계	인·허가 행정	시공자 선정	사용 승인	사용자 메뉴얼 작성
법적·규모 검토	기본설계		공사 및 설계 관리	건설 평가	거주 평가
사업성 검토	실시설계				하자 보수
설계자 확정					관리 대행

건축사(건축가)   시공자 / 감리자

행정(공무원)

건축주 / 거주자

면 어떻게 결과를 얻을 수 있겠는가? 필자도 처음이 있었고 성장통을 겪으며 성장할 수 있었다.

당신도 건축주가 될 수 있다. 아마도 처음 시작은 규모가 작고 미약할 것이다. 그러나 경험을 거듭함에 따라 노하우가 쌓이고 더불어 자본도 쌓이게 된다. 경험도, 수익도 복리 효과로 커지는 법. 언젠가 창대한 결과를 맞이하길 기원하며 그 첫걸음이 될 소규모 주택, 상가 건축을 위한 내용들을 살펴보자.

사전 준비의 중요성 : 70%는 건축 전에 결정된다

어떤 사업이든 사업계획 전 준비 단계가 가장 중요하다. 위치 선정을 하면 기획설계를 통하여 법률적 검토, 사업성 검토를 함으로써 건축에 소요되는 비용, 수익을 예측해야 한다. 전 과정을 통틀어 사전 준비 과정과 사전기획이 가장 중요한 단계라 할 수 있다.

법규와 건축 규모 검토를 거치면 현장에 건축 가능한 규모층수, 용도, 건축면적(연면적)를 파악할 수 있다. 가장 중요하면서도 기초가 되는 자료로서, 이 자료를 통해 사업성 검토가 진행된다. 그다음 기획에 들어가는데 사전 준비 과정에서 건축주의 꿈과 비전이 설계에 반영된다. 건축주가 생각하는 방향이 확실하고 아이디어가 다양할수록 설계에 반영하여 구체적인 기획안을 만들기 좋다.

만들어진 기획안기획설계 등을 바탕으로 기본설계(안)을 작성, 검토하여 건축 예정인 평면과 건축물의 이미지를 확인할 수 있다. 건축주가 건축을 통하여 추구하고자 하는 삶의 방향과 운영계획이 구체적일수록 완성도가 높은 설계(안)가 나온다. 언젠가 건축주가 되길 꿈꾼다면 지금부터 기획력을 갖춰두도록 하자.

사전기획 & 기획설계 과정에서 해야 할 일
건축기획, 법률·건축 규모 검토, 사업성 분석, 설계사 확정

기획을 어렵게 생각하지 않았으면 한다. 남들과 다른 시선, 다른 생각으로 관점을 틀어보는 것부터 시작해보자. 카카오뱅크가 발행한 '카카오 프렌즈 체크카드'는 카카오톡의 이모티콘을 캐릭터로 상품화시키고, 그것을 체크카드에 더했다. 무려 천만 명이 이 체크카드를 신청했는데, 그 이유 중 하나는 '예뻐서'였다. 소비자의 감성을 자극한 것이다. 기획은 생각의 전환에서 발생한다. 우리가 잘 아는 세계적 발명왕 에디슨도 엉뚱한 상상력을 발명으로 연결했다. 공간에 대한 고민, 재미있는 상상력이 창의적 공간을 연출하는 바탕이 될 것이다.

기획은 발명과 비슷하다. 부동산이라는 공간에 대한 관심을 바탕으로 어떻게 하면 더 편리하고 더 예쁘고 더 좋게 만들 수 있을지 생각해야 한다. 거듭 강조했지만, 부동산이라는 공간을 보는 관점부터 바꿔보자. 임대인이 아니라 사용자 측면에서 봐야 한다. 부동산은 이용하는 공간, 즉 사용하는 공간이다. 남에게 빌려주기 위한 공간, 차익을 내기 위한 공간이란 관점은 지극히 임대인 주관적인 것이고, 잘 팔기 위해서는 사는 사람_{소비자, 사용자} 입장에서 봐야 한다. 사용자 입장에서 고민하고, 그들의 불편을 해결해주면 되는 것이다. 내가 좋아하는 것이 아니라 사용자가 좋아하는 것부터 찾아야 한다.

이를 위해서는 현재 소비시장을 이끌어나가는 밀레니얼 세대의 라이프 스타일 및 소비 패턴의 특징을 알아야 한다. 밀레니얼의 특징이라면 1~2인 가구의 증가, 나를 위해 소비하는 경향_{포미(For Me)족}, 삶의 우선순위를 자신의 행복에 두고 일과 삶의 균형_{워라밸}을 중시하는 경향 등이 있다. 이러 소비 형태가 주거 공간과 오피스 공간에 실제로 영향을 주고 있다. 예를 들어 SK디앤디의 에피소드 성수101, 코오롱글로벌 커먼타운, 패스트파이브 라이프 등 1인 주거 브랜드가 속속 등장하고 있다. 사업안은 공유경제부터 시작되었으며, 주 모델은 셰어하우스이다. 주거문화의 변화가 기업의 사업 모델에도 영향을 미치고 있는 것이다.

사전기획과 기획설계 과정에서 확정해야 할 것이 있다. 건축부지 매입부터 건축물 준공까지의 단계별 절차를 확인하는 것과, 사업의 방향성이다. 즉, 건축물의 이용 목적을 확정해야 한다. 건축주가 직접 사용하려는 것인지, 분양 매각할 것인지 아니면 임대 예정인지와 건축물의 주 용도주택, 상가, 오피스 등를 확정해야 한다.

방향성이 정해지면 공간 구성을 할 수 있다. 예를 들어 5층 규모로 건축 예정이라면 1층은 F&B상가, 2층은 사무소나 상가, 3~5층은 주거 시설3~4층은 주거임대, 5층은 직접 사용 등 층별로 구성한다. 상가나 사무소는 임차인들이 공간 구성을 이용 목적에 맞게 시공하기 때문에 건축주가 고민할 필요는 없다. 하지만 주거공간은 다르다. 운영모델에 따라 공간 구성을 기획해야 한다. 쉽게 원룸, 투룸, 쓰리룸 등으로 구성할 것인지, 쓰리룸으로 구성하고 셰어하우스 등 공유주택으로 운영할 것인지에 따라 공간 구성을 다르게 해야 하기 때문이다. 이런 기획안은 건축주의 방향성을 듣고 건축사가 구체적으로 설계안에 반영하여 기획설계안이 나온다. 기획안은 한번에 나오지 않으므로 꾸준히 고민해야 한다.

설계, 인·허가, 시공·감리, 준공

① 기획설계

기획설계는 계획설계라고 표현하기도 한다. 기획안은 사전 준비 단계에 포함되며, 기획설계는 설계단계의 연장선으로서 이후 기본설계로 확정된다. 기획설계는 건축주가 추구하는 방향성, 현장의 조건 그리고 예산이 반영되어 나오는 것이다. 기획설계를 통해 건축개요, 조감도, 평면도, 입면도, 배면도, 단면도를 기본도면으로 하여 기본계획안을 구성한다.

② 기본설계

기획설계를 구체화하여 인·허가심의를 받는 과정이다. 기획설계안의 심화 과정으로 디테일에 따른 길이가 도면에 표현된다. 단위는 mm로, 기본설계를 통해 예상 건축비직접, 간접를 산정할 수 있으며, 허가관청에 사전 협의 후 허가· 심의를 받는다. 건축물의 구조 및 설비, 조경 등 기타 분야 계획도서일종의 도면 모음, 실제 사용될 주요 재료가 표기된다.

③ 실시설계

건축 시공을 위한 도면으로 각 공정별구조, 설비, 전기, 통신, 소방 등 세부 내용이며, 건축계획의 전 과정이 상세하게 작성된다. 도면에 표현하기 어려운 내용들은 별도의 도서로 작성되어 있다. 구조 계산, 토목공정에 대한 시방서 등을 들 수 있다.

④ 인·허가, 시공·감리, 준공

설계가 완료되면 건축사가 건축주를 대리하여 업무를 진행한다. 사전 준비부터 설계, 인·허가까지 누구와 함께 하느냐가 중요한 과제이다.

건축주는 사업의 큰 밑그림을 고민하고, 구성한다. 그것을 인·허가도면으로 풀어주는 역할을 하는 사람이 건축사이다. 건축사의 역할이 굉장히 크다. 동일한 조건과 현장을 가지고 각기 다른 건축사에게 기획설계를 의뢰하면 다 다른 기획설계안이 나온다. 조건은 같아도 건축사마다 보는 관점이 다르기 때문이다.

좋은 물건을 찾는 것만큼이나 훌륭한 파트너를 만나는 것이 중요하다

누구에게나 처음은 존재한다. 해외여행을 생각해보자. 처음으로 해외여행을 계획하면 우선 자유여행을 할 것인지, 여행사를 통한 패키지 상품을 이용할지 선택하게 된다. 추구하는 방향성에 따라서 목표와 계획이 달라지는 것이다. 건축주가 되기 위해서도 마찬가지이다. 설렘과 두려움에 생각하고 고민하게 될 것이다. 건축의 방향을 잡기 위해서는 자신이 추구하는 것을 알아야 한다. 본인의 성향을 모르고 선택한다면 결과에 만족하지 못할 것이다. 언젠가 건축주가 되기 위하여, 본인에게 미리 다음과 같은 질문을 해보자.

- '왜' 건축주가 되고 싶은 것인가?
- 어떻게 운영하고 싶은가?
- 어떤 건물을 소유하고 싶은가?

- 어디에 위치해야 하나?

- 신축할 것인가, 리모델링할 것인가?

- 총비용은 얼마나 들어갈까?

- 내가 가지고 있는 자본금은?

- 공사비를 조달할 수 있을까?

- 시작할 수 있는 시점은?

- 원하는 운영 수익은?

- 얼마에 매각할 수 있을까?

- 손익분기점과 목표수익률은?

- 이 조건을 충족하려면 무엇을 해야 하나?

시작은 질문으로부터 시작된다. 그리고 이에 관해 해답을 같이 고민하고, 해결해나갈 수 있는 파트너건축사를 찾아야 한다. 건축사마다 살아온 인생과 철학, 관점이 다르기 때문에 표현되는 건축물 또한 다르다. 건축물은 시대적 배경, 경제 상황, 트렌드, 건축주의 이념과 건축사의 문학이 복합적으로 표현되는 결정체이다.

건축주의 꿈을 실현시켜줄 파트너 선택이 사업의 성공과 실패를 가른다. 다르게 표현하면 '건축해도 10년 늙지 않는다'라고 할 수 있을 것이다. 건축사, 감리, 시공사건설사의 선택이 건축주 삶에 미치는 파장은 큰 것이다.

위험에 대한 부담은 건축주에게 귀속된다. 손익도 마찬가지이다. 그렇다면 문제점만 존재하는 것일까? 아니다. 기획부터 준공, 유지까지 성공한 사례가 실패한 사례보다 훨씬 많이 존재한다. 위험성을 이야기하는 이유는 미래를 장밋빛으로만 보는 걸 경계하기 위해서이다. 사전 준비 단계가 가장 중요하다. 건축주 자신이 철저하게 준비하고, 계획하여야 한다. 고민한 만큼 이해가 될 것이며, 이해한 만큼 위험성에 대처할 수 있는 능력이 생길 것이다.

누구나 건축주는 될 수 있다. 하지만 준비 없이 누구나 성공할 수 있는 것은 아니다. 건축주는 건물주로 가는 과정의 일부이다. 사업을 제대로, 잘 영위하는 건물주가 목표가 되어야 한다.

어떻게 팔 것인가:
관리, 운영, 출구 전략

신축 혹은 리모델링 후 어떻게 운영할 것인가? 건축물을 유지보수해야 한다고 생각하면 막연한 두려움이 앞선다. 부동산의 매입 전후 가장 고민되는 부분이 유지관리 분야이다. 유지관리는 크게 다음의 두 가지로 나누어질 수 있다. 건축물 컨디션을 유지하는 것과 임차인 계약 관리 부분이 그것이다. 컴퓨터에 비유하자면 건축물 컨디션 유지보수는 하드웨어, 임차인 계약 관리 및 출구 전략은 소프트웨어에 해당한다. 이 두 가지가 잘 조합되어야 건축주가 비로소 건물주로 전환되는 것이다. 먼저 하드웨어부터 알아보자.

  건축물의 사용승인 이후 크고 작은 보수가 이루어진다. 이때 주요 하자를 찾아내야 한다. 가장 신경 쓰는 부분은 창틀 방수, 단열 부분이다. 이외에도 위생기구, 가구, 창호, 도장, 석재와 타일, 목공사, 단열, 철근 콘크리트, 마감재 등 공정마다 체크해야 할 하자 리스트가 있다. 하나하나씩 점검하며 체크해야 한다. 만약 하드웨어적인 문제가 발견되면 그 발생 원인을 찾아내는 것이 포인트이다. 원인을 알면 고칠 방법을 찾을 수 있기 때문이다. 그렇지 않으면 발생 원인을 찾아 해결하는 데만 한참의 시간과 비용이 소요될 수 있다.

유지보수는 사용 기간이 지날수록 많은 비용이 발생한다. 그렇기 때문에 신축이든 리모델링이든 처음부터 꼼꼼하게 시공해야 한다. 하자를 안 만드는 시공업체를 분별하는 것이 가장 어렵다.

시공사와 계약할 때 하자 보수 기간에 대하여 명확하게 계약서 상에 표기해야 한다. 분쟁은 주로 계약 내용이 불명확하여 발생하는데, 결국 불편을 겪는 것은 시공사가 아닌 사용자이다. 건축주와 시공사는 처음부터 하자에 대한 AS기간담보책임기간을 명확하게 도급계약서에 확정해야 하며, 준공사용승인 이후에 대해서도 시공사가 건축주에게 하자이행보증권을 교부하는 조건으로 공사비 잔금을 정산한다는 조건을 함께 명시해야 한다. 리스크분쟁 방어 차원으로 대비해두는 것이다.

다음은 운영 방안에 대한 것이다. '임대도 사업이다'라는 사실을 꼭 명심하길 바란다. 임대사업은 서비스업과 같다. 임대하는 공간을 이용자가 찾고 싶게 만들어야 한다. 만약 공실률이 높게 발생한다면 수익률은 하락할 것이고 수익률이 하락하면 건물의 가치도 하락할 것이다. 임대도 무한경쟁 시대이다. 그러므로 부동산 사업의 수익구조를 잘 알고 전략을 수립해야 한다.

수익구조는 운영수익과 매각차익을 더해서 이루어진다. 운영수익을 극대화시키려면 수익을 감가시키는 요소를 찾아야 한다. 가장 큰 요소가 공실률, 관리비용, 대출이자이다. 수익적인 측면의 공실률을 줄이고, 비용적인 측면에서의 지출요소를 최소화해야 한다. 연간 지출 비용을 예상한 후 공실률을 줄일 수 있는 계획을 세운다면 수익률은 높아질 것이다.

우선 공실률을 최소화하는 방안부터 고민해보기로 하자. 부동산 임대는 사용자 측면에서 접근해야 한다. 전통적인 임대 방식은 중개업소나 주변 사람들을 통하는 경우가 많았다. 지금은 상당수의 계약이 모바일 플랫폼을 통하여 이뤄지고 있다. 요즘 사용자들은 임대 가격이 무조건 싼 곳이 아니라 본인들의 라이프 스타일에 맞는 곳을 선호한다. 이들이 원하는 공간을 만드는 것이 중요해졌다. 공간에 작은 포인트를 주는 것만으로도 사용자가 찾는 공간으로 변모할 수 있다. 주 고객층사용자의 취향과 니즈를 반영한 조명, 소품, 가벽 등을 적극 활용해보자.

마지막으로 출구 전략은 건물의 새 주인을 찾아주는 것으로, 다시 말해 매각이다. 필자의 프로세스를 따랐다면 기획 단계에서 이미 임대 시 기대수익과 매각 시 기대수익을 모두 계산해보았을 것이다. 얼마 정도에 팔기를 원하며, 동일한 유형의 경우 주변 시세가 얼마나 되는지, 실제 수익은 얼마나 예상되는

지 등을 파악한다.

　부동산의 가격은 가치를 반영한다. 건물이 좋은 컨디션을 유지하고 있고, 내·외관이 모두 훌륭하며, 임차인들에게 인기를 끌어 공실 걱정이 없다면 사고 싶어 하는 사람들이 나타날 것이다. 원하는 사람이 많을수록 가치는 올라간다. 누구나 탐내는 건물을 만들어야 하는 이유다. 비非주택으로 분류되는 꼬마빌딩의 경우 다주택 과세를 피할 수 있고, 땅값상가·사무실 부속토지 등 합계 80억이 넘지 않으면 종부세 과세 대상이 아니기 때문에 투자자들에게는 재테크 수단으로 인기가 높다. 여기에 더해 안정적으로 임대 수익을 발생시킬 수 있는데다 주변에서 랜드마크로 인정받는 독특한 건물이라면 성공적으로 엑시트할 확률이 더 높아진다.

　한편, 바로 매각하지 않고 직접 거주하며 운영하는 다세대나 상가주택에 대한 로망을 가진 사람도 많다. 그렇더라도 부동산은 환금성이 매우 낮은 상품이라는 사실을 기억하고, 언젠가 있을지 모르는 매각을 염두에 두고 유지관리하는 것이 좋겠다. 문이나 건물 외벽 등만 바꿔도 건물의 이미지가 바뀐다. 노후화에 대비하는 것과 동시에 건물의 이미지를 잘 관리하는 것도 필요하다.

　이어서는 필자의 실제 사업 사례를 소개하겠다. 지금까지 읽어온 한 권의 내용이 어떻게 실제 사업 모델로서 실현될 수 있는지, 입지 선정부터 매각까지의 사례를 통해 보다 구체적인 그림을 그릴 수 있을 것이다.

사례 ①
언덕 위 낡은 집이
도심 속 미코노스로

이 집은 지리적 위치가 좋았다. 대학가와 인접한 2호선 근처를 염두에 두고 발품을 팔기를 수개월, 역으로부터 5분 거리 역세권에 좋은 물건이 나왔다는 이야기를 들었다. 그야말로 역세권 중 역세권인데 왜 시세가 인근보다 저렴한 걸까? 실제로 가보니 위치는 흠잡을 데 없었으나 지대가 높다는 것이 문제였다. 짧은 거리지만 지대가 제법 가팔랐다. 게다가 대지가 131.70㎡ 구 39.8평에 불과하며, 주변이 주거 지역으로 근린생활시설 수요가 없다는 점도 단점으로 부각되었다.

작은 대지는 건축법상 주차대수와 정북 방향 일조권 사선 제한의 영향을 많이 받는다. 두 가지 조건이 임대할 면적에 미치는 영향은 절대적이다. 임대면적은 수익률과 직결되기 때문에 기획설계 단계부터 고민이 많았다. 현장을 중심으로 동심원을 그리면서 임대수요와 주변 신축 공급량을 파악했다. 임대수요는 걱정하지 않아도 될 정도로 넘쳐 났고, 신축 공급량도 수요 대비 적었다. 운영 계획, 즉 수익성 판단에 대한 단점은 해결한 것이다.

이제 공사에 대한 문제만 해결하면 될 차례! 지대가 높은 지역으로, 지반을 받치고 있는 석축이 마음에 걸렸다. 석축을 제거하고 토지 보강 후 다시 석축을 쌓고 건축해야 하는 상황이었다. 지질조사를 해야 정확한 판단을 할 수 있지만 그러기 위해선 기존 건물을 철거해야 할 수도 있는 상황이었다. 이런 위험성은 개발 비용 상승으로 직결되며 수익성을 악화시킨다. 즉, 사업성이 나오지 않을 수 있다. 사업의 안전성을 확보하기 위하여 발생될 수 있는 모든 비용을 포함하여 사업성 검토 및 타당성 분석하였다. 현장이 가지는 잠재적 가치를 평가해본 것이다.

사업성 분석은 준공 이후의 가치를 판단하는 중요한 기준이 되며, 그 결과를 토대로 사업성 평가를 작성한다. 평가 결과는 개발자건축주 등, 금융기관 담당자마다 접근 관점이 다르기 때문에 사업성 평가에 대한 개념적 사고를 갖추는 것이 가장 중요하다.이는 2장에서도 설명한 바다. 사업성 평가와 타당성 검토를 보수적으로 해본 결과, 수익성이 충분히 나오는 것으로 판단하여 계약하고 프로젝트를 시작하였다.

기획의도

도심 속 지중해에서 건너온 작은 섬, 미코노스.

대지 레벨차를 이용한 설계로, 소형 대지의 단점을 장점으로 바꾸다!

채광을 최대화하고, 바람이 잘 통하도록 만든 집.

서울 빌라 한 채 값으로 2년 2개월 만에 1억의 수익

1인 가구를 주 타깃으로 삼고, 도심 속 산이 마치 섬을 연상시킨다는 데서 착안하여 '도심 속 지중해에서 건너온 작은 섬'으로 기획 방향을 잡았다. 콘텐츠를 통해 이곳에 다른 가치를 부여한 것이다. 건물에 대한 가치 부여는 매각을 염두에 둔 전술로써, 아파트를 브랜드화하듯 프로젝트를 할 때마다 브랜드 네이밍을 하고 그곳에 가치를 부여한다. 부동산의 브랜드 네이밍으로 만든 무형의 가치와 예상 임대수익률은 준공 후 확정수익률을 통하여 실제 가격으로 실현시켰다.

미코노스 프로젝트는 '1년 이상 운영 후 매각'이라는 계획을 수립, 진행하였다. 설계에서 준공까지 딱 1년이 걸렸으며, 그로부터 1년 7개월을 운영한 뒤 매각했다. 임대수익을 통한 수익성 강화를 전제로 운영하였고, 거주하면서도 안정적으로 임대수익이 나오는 모델을 찾던 은퇴하신 부부가 미코노스를 매수했다.

미코노스에 참여한 투자자는 2명이었다. 각 2억 7,500만 원을 투자했고 여기에 금융기관 대출과 임대보증금준공 전 이미 계약이 완료되었다 등이 더해져 사업이 진행되었다. 제조원가는 토지매입비와 건축비, 설계감리비를 비롯해 10억 7,634만 원이 들었는데 매각은 15억 원에 되었다. 매각 후 세금 차감 전 순이익을 계산하니 4억 2,366만 원으로 투자 2년 2개월 만에 각자 2억 1,183만 원의 수익세전을 얻은 셈이 되었다.

PROJECT : 미코노스

* 아래는 이해를 돕기 위해 사업 내용을 간략화한 것임을 밝혀둡니다.

사업개요

대지면적	131.7㎡(구 39.8평)	연면적	254.18㎡(구 76.8평)
설계기간	2015. 9~11	시공기간	2016. 2~9
사용승인	2016. 9. 28	임대수익기간	2016. 9~2018. 2
구조	철근 콘크리트		

사업원가분석(제조원가) *단위 : 천원

토지매입비	620,000	건축비(직, 간접)	400,000
설계감리비	20,000	취득세 등	28,640
금융비용 (금리 3.4%)	7,700	소계	1,076,340

금융구조(자기자본금 + 금융기관 대출) *단위 : 천원 / 2분의1 공동투자 : 자본금(Equity)

Equity A	275,000	Equity B	275,000
금융기관 대출	400,000		

운영수익(준공 시점) *단위 : 천원

구분	주거용	보증금	551,000
임대료(월)	5,550		

매각가격 : 15억 원

제조원가 : 10억 7,634만 원

ATCF(세금 차감 전 순이익) 4억 2,366만 원
임대료 : 6,171만 원

사례 ②
평범한 30대 직장인,
꼬마빌딩 건물주가 되다

인트로에 등장했던 선희 씨를 기억하는가? 필자는 사업지를 찾아 방문했던 공인중개사무소에서 우연히 선희 씨를 만나, 그의 적극적인 태도에 함께 사업을 진행하게 되었다. 그 이야기를 좀 더 자세히 이어나가보자.

해당 사업지는 2종 일반주거지역에 위치한 대지 116㎡⁺ᵍ 35.09평짜리 작은 주택이었다. 주간활동인구가 가장 많은 지하철 2호선 역과의 접근이 용이하고 주변 1~2인 가구의 임대 수요가 풍부한 지역이었으나, 지리적 위치가 높은 곳에 있었고 주변 일대가 모두 낡은 주택가라 A급지는 아니었다. 반대로 그 이유로 대지 가격이 시세보다 저렴하다는 장점이 있었다. 저렴한 가격을 바탕으로, 건축사와의 치열한 논의를 거쳐 사업성과 건물 가치를 극대화할 방법을 찾아냈다. 건물은 총 지하 1층, 지상 3층에 다락으로 기획하기로 하고 '722숲'으로 이름 지었다.

공사기간에는 총 5개월 여가 소요되었으며, 제조원가는 토지매입비와 건축비, 설계감리비, 공사비, 대출이자 그리고 민원 및 기타 예비비 등을 포함하여 총 9억 7천만 원이었다. 대출은 5억 5천만 원으로, 사용된 자기자본금은 4억 2천만 원, 이 중 선희 씨가 투자한 금액은 3억이었다. 그 외 부족한 자금의 경우 준공 후 임대료로 공사비 일부를 집행했다. 앞서 말했듯이 유동인구가 많은 2호선 인근이었던 덕분에, 준공 전 콘크리트 골조만 완성된 상태에서 임대차계약이 완료되어 무리 없이 진행할 수 있었다.

준공 후 본 부동산을 보유하며 임대할 경우 얻을 수 있는 기대수익은 보증금 4억 1천만 원, 월차임 557만 원으로 자기자본금을 100% 회수하고도 대출이자 제외, 순수 월 약 360만 원의 기대수익이 발생할 것으로 계산되었다. 매각의 경우 해당 부동산과 동일한 유형의 시세가 13억 5천만~14억 5천만 원으로 거래가 이루어지고 있었다.

프로젝트 과정 중 선희 씨가 궁금해하는 것이 너무나도 많아 필자로서는 힘든 부분이 없지 않았다. "첫 술에 배부르랴", "누구나에게 처음은 있다", "처음부터 다 알려고 하지 않아도 괜찮다"라고 하며 선희 씨의 과도한 열정을 달래가며 진행했을 정도이다. 시공 과정에서 민원이 발생하는 등 여러 우여곡절이 많았으나 다행히도 필자가 제시한 방향으로 잘 따라와 주었고, 선희 씨 특유의 열정과 자신감으로 잘 이겨냈다. 무엇보다도 오래된 사이는 아니지만 선희 씨와 필자 사이의 신뢰가 원활한 진행에 한몫했다.

매각에는 크게 두 가지 방법이 있다. 준공 후 즉시 매각하는 방법과 일정 기간 동안 운영 후 매각하는 방법이다. 이런 매각 계획은 사업 기획 단계에서부터 결정된다. 해당 프로젝트는 전자의 경우로 준공 직후 매각하기 위해 골조가 완성된 즈음 다수의 중개사무소에 의뢰하였다. 매각 의뢰금액은 14억 5천만 원이었고, 실제 매각 금액은 14억 원이었다. 722숲 또한 은퇴한 노부부에게 매각되었는데 경제 활동이 없는 상황에서 서울의 아파트 한 채 값으로 거주와 임대 수익의 두 마리 토끼를 잡을 수 있어 만족하셨다.

3억 원으로 이 프로젝트를 시작한 선희 씨가 최종적으로 얻은 수익은 세금 제외 2억 초중반 대였다. 이 프로젝트를 시작으로 그는 지금도 안전하게 부동산 사업을 이어나가고 있다.

PROJECT : **722숲**

* 아래는 이해를 돕기 위해 사업 내용을 간략화한 것임을 밝혀둡니다.

사업개요

대지면적	116㎡ (구 35.09평)	연면적	254.98㎡ (구 77평)
용도지역	2종 일반주거지역	착공일자	2017. 3. 30
사용승인	2017. 9. 8	임대수익기간	2017. 9 ~ 2018. 3
구조	철근 콘크리트		

사업원가분석(제조원가) *단위 : 천원

토지매입비	550,000	건축비(직, 간접)	370,000
설계감리비	20,000	취득세 등	21,000
금융비용 (금리 3.4%)	9,350	소계	970,350

금융구조(자기자본금 + 금융기관 대출) *단위 : 천원 / 단독투자 : 자본금(Equity)

Equity A	300,000	금융기관 대출	550,000

운영수익(준공 시점) *단위 : 천원

구분	주거용	보증금	410,000
임대료(월)	5,570		

매각가격 : 14억 원

제조원가 : 9억 7,035만 원

ATCF(세금 차감 전 순이익) 4억 2,965만 원

임대료 : 2,485만 원

사례 ③
흔하디 흔한 다세대 건물이
세련된 랜드마크로 재탄생

2018년 5월, 그해 6월 27일자로 건설산업기본법이 개정되어 건축주가 직접 시공 가능한 범위가 줄어들게 된 상황이었다. 남은 시간은 한 달, 그러나 마땅히 마음에 드는 사업장이 나오지 않아 슬슬 지쳐가고 있었다. 부동산도 공산품과 마찬가지로 하나의 상품을 만들기 위해서는 원재료비와 노무비, 경비가 들어간다. 그리고 판매 가격을 고려하여 상품성과 수익성을 따져야 한다. 상품의 원가 구성 중 토지 가격이 가장 중요한데, 다른 원가재료비, 노무비는 이미 고정된 상태로 수익성은 사실상 토지 가격에서 결정 나기 때문이다. 참고로, 낡은 집의 경우 건물 값은 제로 상태로 토지 값만 남아 있다고 봐야 한다.

단, 땅이 저렴하다고 다 좋은 것은 아니다. 항상 지역분석, 입지분석이 우선임을 기억하자. 당시 필자가 주목하던 지역은 서울 중구의 더블 역세권 지역이었다. 그러나 몇 달을 기다려도 개발할 만한 곳이 없었다. 더 정확히 말하면,

토지 가격이 높아서 사업성이 나오지 않는 곳만 매물로 나와 있었다. 그러다가 '이제 마지막이다' 하고 들어간 부동산에서 마침내 '이거다!' 싶은 물건을 만났다.

대지면적 165㎡⁄구 49.9평짜리 다가구 주택으로, 주택가에서 흔히 볼 법한 붉은 벽돌의 3층짜리 집이었다. 겉보기에 흔해 보이는 그 집에 반한 이유는 대지의 레벨차 때문이었다. 역에서 도보로 2분 거리인 데다, 언덕에 위치해 있어 건물 한쪽은 지하층이 1층이 되는 집이었다. 건물을 둘러싼 지표면의 앞뒤 단차가 거의 한 층만큼 차이가 났던 것이다.

해당 물건은 서울시 중심에 위치해 2, 3, 4, 5, 6호선의 환승이 용이했다. 또 인근에 대학이 위치하고 도심 접근성이 좋아 신혼부부와 대학생, 직장인 수요가 풍부할 것으로 예상되었다.

경사진 대지의 단점을 장점으로 바꿔 채광을 최대화하고, 바람이 잘 통하도록 만든 수익형 브랜드라는 의도로 기획설계를 의뢰하였다. 콘셉트는 합리적인 주거비와 쾌적한 주거 환경의 밸런스를 찾는 셰어하우스였다. 지하 1층, 지상 1~2층은 근린생활시설로, 3층은 3룸 거주 시설로, 4층과 5층은 원룸으로 계획하고 '나만의 유니크한 공간, 큐브'로 브랜딩하였다.

기획의도

도심 속, 나만의 유니크한 공간 _큐브Cube.

합리적인 주거비와 쾌적한 주거환경 밸런스 찾기.

청년층의 열악한 주거 환경 개선, 셰어하우스로 청년 주거의 즐거운 대안 제시.

사업부지의 특성을 이용한 특화된 설계의 하우스.

경사진 대지의 단점을 장점으로 바꾸다.

토지 매입부터 준공 시점까지 자기자본금과 신축 판매 사업자대출로 공사를 진행했으며, 부족한 공사비는 준공 전 임대계약을 완료하여 해결했다. 이런 계획이 가능했던 것은 사전에 위험을 회피할 자신이 있었기 때문이다. 실제로 준공 후 임대보증금으로 대출금 상환 및 자기자본금 일부를 회수했다.

이 프로젝트에는 총 2년 여가 소요되었으며, 3명의 투자자가 참여했다. 참여자는 각 4억 원씩을 투자했으며 그 외는 금융기관 대출을 이용했다. 제조원가로는 토지매입비와 건축비, 설계감리비를 비롯해 30억 원이 들었으며 매각은 39억 원에 되었다. 매각 후 세금 차감 전 순이익을 계산하니 약 9억 4천만 원으로, 투자자들은 각자 약 3억 1천만 원의 수익세전을 얻은 셈이 되었다.

어느 동네에서나 흔히 볼 법한 적색 벽돌 건물은 이제 5층짜리 세련된 꼬마 빌딩으로 재탄생해 그 지역의 랜드마크가 되었다. 지하부터 지상 5층짜리 건물에서 월 임대료만 약 850만 원 정도의 수익이 나는데, 지금도 공실 없이 원활히 운영되고 있다고 한다.

PROJECT : 큐브

*아래는 이해를 돕기 위해 사업 내용을 간략화한 것임을 밝혀둡니다.

사업개요

대지면적	165㎡(구 49.9평)	연면적	493.2㎡(구 149평)
용도지역	준주거(지구단위계획구역)	착공일자	2018. 9. 15
사용승인	2019. 7. 10	임대수익기간	2019. 7~2020. 5
구조	철근 콘크리트		

사업원가분석(제조원가) *단위 : 천원

토지매입비	1,750,000	건축비(직, 간접)	1,050,000
설계감리비	35,000	취득세 등	103,712
금융비용 (금리 3.3%)	62,224	소계	3,000,936

금융구조(자기자본금 + 금융기관 대출) *단위 : 천원 / 3분의1 공동투자 : 자본금(Equity)

Equity A	400,000	Equity B	400,000
Equity C	400,000	금융기관 대출	1,700,000

운영수익(준공 시점) *단위 : 천원

구분	상업, 주거용	보증금	1,300,000
임대료(월)	8,500		

매각가격 : 39억 5천만 원

제조원가 : 30억 1천만 원

ATCF(세금 차감 전 순이익) 9억 4천만 원

임대료 : 3,400만 원

사례 ④
사업성 분석이
반드시 선행되어야 하는 이유

앞선 사업을 마무리한 후, 후 신규 사업지를 찾고 있었다. 강남역 인접한 곳에 좋은 물건이 있다는 전화를 받고 확인하러 갔다. 지리적 위치는 강남역 상권과 동일 수급권 지역으로 위치적으로는 좋았다. 하지만 현장 주변이 주거 지역으로 공사 민원을 먼저 고려하지 않을 수 없었다. 토지 가격은 나중 문제이고 사업수지분석을 위한 기획설계를 의뢰하였다. 대지 면적은 180.3㎡ ⁱ구 54.54평로 소형 건축물을 신축하기에는 적당한 면적이었다. 용도지역이 3종 일반주거지역이라 건폐율이 50%인 점만 빼고는 말이다.

며칠 뒤 기획설계 결과를 보고 필자는 고민에 빠졌다. 정북 방향 일조권 사선 제한 때문에 4~5층까지 사선 제한을 받아 용적률을 다 활용할 수 없는 현장이었다. 3종 일반주거지역은 건폐율이 50%, 용적률이 250%까지 허용되는데, 이 현장은 용적률이 200%를 갓 넘기는 걸로 결과가 나왔다. 강남 지역의 토지비는 다른 서울 지역에 비해 높은 편이다. 사업수지분석을 한 결과 매도인이 제시한 가격으로는 사업성이 나오지 않아 사업을 진행할 수 없을 것으로 판단했다.

부동산 투자는 사업이다. 신축 판매 사업은 새로운 가치를 부여함으로써 수익을 창출하는 일이다. 제조원가개발비용를 강조하고, 반복적으로 이야기하는 이유가 있는 것이다. 가심비라는 신조어가 유행할 정도로 가격 대비 심리적으로도 만족을 원하는 시대에 전통적인 제조업들 또한 원가 절감을 위해 고심하고 있다. 부동산도 마찬가지이다. 제조원가가 낮아야 원가 대비 수익률이 높아진다. 소형 부동산 신축 사업의 제조원가를 100%로 보았을 때 토지비가 차지하는 비중은 몇 % 정도일까? 최소 55~65%를 차지할 것이다. 서울 중심권 기준, 지역마다 다름. 토지 비용이 사업에 미치는 영향은 절대적이다.

그렇다 보니 매입을 포기하려 했다. 가격 대비하여 사용할 수 없는 면적의 비중이 높아 수익성이 떨어질 수밖에 없는 현장이었다. 반대로 가격이 내려가면 수익성을 확보할 수 있는 것이다. 다시 한 번 매도인에게 토지 가격을 제시하고, 다른 현장을 찾는 한편 그 현장에 대한 기획을 계속하여 보강하고 있었다. 매도인과 3개월간의 밀당 후 마침내 우리가 제시한 가격에 계약이 진행되었다. 현재는 공사가 진행 중이다. 강남역 역세권에 소형 건축물을 신축하다니……. 감회가 새로웠다.

전 세계적으로 아무도 생각하지 못했던 바이러스의 출몰로 경제가 얼어붙어 가고 있다. 이런 일은 예상할 수 없는 위험에 속한다. 강남 신규 현장도 그 영향을 받았다. 소규모 금융권 대출Project Financing 심사에도 영향을 미친 것이다. 서울 오피스 시장의 흐름을 보면 국내외 경기 침체 우려로 부동산 경기에 대한 불확실성이 제기되고 있다. 이것은 비단 서울의 문제만이 아니다. 강남의 오피스 시장은 공유 오피스를 중심으로 소규모 사무실에 대한 임차 수요가 증가하는 추세이다. 코로나 19가 가지고 온 가장 큰 변화는 오프라인에서 온라인을 기반으로 하는 산업이 가속화되었다는 것이다. 일과 주거의 경계가 무너지는 시대가 앞으로 도래할 것이다. 주거 시설 안에 일하는 곳이 있고, 일하는 곳에 주거 시설이 함께 공존하는 공간이 앞으로의 시장을 주도하게 될 것이다. 필자는 이런 공간을 기획하고 있다. 단순하게 건물을 만들어서 '이곳은 오피스로만 사용해야 한다'는 프레임에서 벗어나 다른 관점에서 신축 중인 공간을 만들어가고 있다. 이렇게 공간에 대한 재해석을 계속하며 아직도 성장하기 위해 노력한다.

이런 기획을 공유하는 것은 이 책을 통하여 부동산 투자와 개발에 관한 막연한 생각에서 벗어나길 바라는 마음에서다. 낡은 도심에서 기회를 발견하기란 쉽지 않다. 그러나 그보다 더 어려운 것은 투자를 실행하는 것이다. 책에서 모든 것을 전달할 수는 없다. 필자가 이 책을 통해 전하고자 한 것은 아주 작은 겨자씨와 같다. 이 겨자씨가 여러분들의 머릿속에 뿌리를 내려 부동산, 나아가 본인이 진정 바라는 것이 무엇인지에 대한 사고로 뻗어나가길 바란다. 그리고 그것을 얻기 위해 어떻게, 무엇을 해야 할 것인가까지 이어지는 개념적 사고로 키워나가길 기원한다. 단번에 이뤄낼 수 있는 성과는 없다. 이 책을 끝까지 읽은 것만으로도 성공적인 첫 발을 내디딘 셈이다.

마흔 전에 부동산 부자가 될 수 있는 5가지 방법

초판 1쇄 인쇄일 2020년 5월 29일 • 초판 1쇄 발행일 2020년 6월 5일
지은이 효연, 하선
펴낸곳 도서출판 예문 • 펴낸이 이주현
편집기획 김유진 • 마케팅 김현주
등록번호 제307-2009-48호 • 등록일 1995년 3월 22일 • 전화 02-765-2306
팩스 02-765-9306 • 홈페이지 www.yemun.co.kr
주소 서울시 강북구 솔샘로67길 62(미아동, 코리아나빌딩) 904호

ISBN 978-89-5659-381-4 13320